Ve OPUSCULE.

LES RÉVÉLATIONS
DE LA SALETTE

CONFIRMÉES ET JUSTIFIÉES
PAR CELLES DE L'ÉCRITURE SAINTE
OU

PREUVE DE LA VÉRITÉ DU SECRET
DE LA BERGÈRE MÉLANIE

TIRÉE DES TEXTES MÊMES DE LA BIBLE

Par
C.-R. GIRARD
Rédacteur du journal la *Terre sainte*,
Procureur général des Eglises orientales unies.

Prix : 0f 95 (PORT EN SUS)

S'adresser pour les cinq ouvrages :

A l'auteur, M. GIRARD, 10, rue Chenoise, *Grenoble* ; aux principales Librairies catholiques de la France et de l'étranger, notamment, à *Paris*, chez M. PALMÉ, 27, rue de Grenelle-St-Germain ; à *Lyon*, chez M. H. PÉLAGAUD, 48, rue Mercière, et M. LECOFFRE, près la place Bellecour ; à *Avignon*, chez M. AUBANEL.

GRENOBLE
IMPRIMERIE PRUDHOMME, RUE DES PRÊTRES, 1

1874

PROTESTATION. — Ainsi que nous l'avons déclaré dans nos précédentes publications, nous soumettons ce nouvel Opuscule, et tous nos travaux, au jugement infaillible du Souverain Pontife; et nous y souscrivons à l'avance.

Grenoble, ce 1er jour de carême 1874.

C.-R. GIRARD.

AVIS. — Pour la reproduction ou la traduction, même partielle, de ce livre et des précédents, s'entendre avec l'*auteur*.

APPROBATIONS. — Notre IVe et notre Ve Opuscule vont être déposés aux pieds de S. S. Pie IX. Déjà les trois premiers nous ont obtenu trois bénédictions écrites de la main du Vicaire infaillible de J.-C. Bien des Théologiens et des Evêques de France, d'Italie, d'Espagne et d'Orient, ont encouragé nos travaux. Nous les avons cités dans notre journal et nos précédents volumes. Nous résumons toutes ces approbations dans celle de Monseigneur Maupied, théologien au Concile du Vatican, Camérier de S. S. Pie IX, docteur en théologie et en droit canonique, ancien professeur à la Sorbonne, auteur d'ouvrages qui sont de véritables chefs-d'œuvre d'érudition et de logique... et recteur de la paroisse de St-Martin, à Lamballe (Côtes-du-Nord) :

Mon cher Monsieur Girard,

J'ai lu avec un vif intérêt votre IVe Opuscule sur la Sainte Apparition, intitulé : *Vérité et réalisation des prédictions et des secrets de la Salette...* Dans ce volume, comme dans les précédents, tout me paraît parfaitement conforme à la saine doctrine. Les conseils et la règle de conduite qui y sont donnés sont très-salutaires, et leur pratique ne peut que produire le plus grand bien.

Mon cher ami, plus vous avancez dans cette étude du grave événement de la Salette, plus vous excitez l'intérêt et devez déconcerter les adversaires, en les forçant, s'ils sont de bonne foi, à voir l'intervention divine dans les affaires de ce monde. En dévoilant les odieuses persécutions dont la pieuse Mélanie a été la victime, vous avez ajouté une nouvelle preuve que la révélation qui lui a été faite vient véritablement du ciel. S'il en était autrement, le démon ne l'eût point inquiétée de la sorte.

Du reste, la Bénédiction apostolique accordée par notre Très-Saint Seigneur et Père Pie IX, à vos trois premiers opuscules, surpasse tout éloge et impose silence à toute critique malveillante, car on ne doit point oublier que le Très-Saint Père se fait rendre un compte exact de tout livre, avant d'accorder sa bénédiction et ses encouragements à l'auteur. Je suis heureux de vous en féliciter et je demande à la miséricordieuse bonté de N.-S. J.-C. de faire lire vos très-sérieux opuscules par tous ceux qui veulent leur salut et celui de notre pauvre France.

Croyez à tous les meilleurs sentiments de votre dévoué serviteur.

Dr MAUPIED, *Camérier S. S. de S. S. Pie IX...*

LES RÉVÉLATIONS DE LA SALETTE

CONFIRMÉES PAR CELLES DE LA BIBLE.

A mesure que le temps approche et qu'il accélère les évènements, nous essayons de les signaler, afin de mettre à profit leurs enseignements. Pour nous guider dans ce travail, il nous suffit de suivre Marie dans ses nombreuses manifestations, de voir les diverses contradictions que l'enfer suscite contre le miracle de la Salette et de nous conformer aux désirs de l'Autorité ecclésiastique qui dirige la pieuse Bergère.

C'est donc dans un certain ordre que nous publions nos divers opuscules. Nous avons dû commencer par les *Secrets de la Salette,* parce qu'ils ne pouvaient y croire, nos libres penseurs, nos catholiques libéraux, nos courtisans de tous les pouvoirs, et nos positivistes, qui ne veulent plus que le ciel s'occupe des choses de la terre. Nous savons bien pourquoi ils se sont offusqués de ces révélations ! Ces petits esprits se croient tellement parfaits, qu'ils n'admettent pas que Marie ait le moindre reproche à leur adresser ; c'est à ce point que Mélanie n'a été outragée et persécutée que pour avoir dévoilé les perfidies de Bonaparte et déclaré que la Sainte-Vierge pleurait sur un certain clergé... Les évènements ne lui ont-ils pas déjà donné raison ?

Ensuite, pour mieux convaincre ces opposants et persuader les personnes de bonne foi, il nous a fallu publier *la connaissance approfondie de la Salette.* Notre premier livre avait besoin de ce *complément.* Les hautes approbations que reçurent ces deux ouvrages imposèrent forcément silence à ceux qui allaient les condamner. Mais, croyant atteindre leur but et détruire toute confiance aux plaintes de Marie, ils s'évertuèrent à diffamer son meilleur témoin ; ils calomnièrent publiquement la pieuse Bergère ; ils osèrent même dans des *Semaines catholiques* attaquer sa réputation et l'accabler sous le poids de leur haine. Ils firent pis que cela ; ils eurent l'audace d'adresser à N. S. P. le Pape un mémoire rempli d'infâmes mensonges. Ils disaient que Mélanie était en France, qu'elle y vendait ses secrets; que sa fortune déjà considérable allait chaque jour en augmentant ; mais que son immoralité la rendait la honte de son sexe, en même temps qu'elle détruisait toute confiance en la Sainte Apparition. Le Souverain Pontife, bouleversé par ces accusations, ne put s'empêcher de dire à Mgr Baillès tout le chagrin qu'il ressentait. Ce saint Evêque, désolé à son tour de la douleur du Vicaire de J.-C., et devinant toute la perfidie des calomniateurs, parce que nous lui avions communiqué quelques lettres de Mélanie, nous fit un devoir de confondre ces vils accusateurs et de consoler le Saint-Père. Que pouvions-nous faire de mieux, pour répondre aux désirs de ce vénérable ami, sinon de transmettre ses lettres à Mgr Zola, confesseur de Mélanie, et à Mgr Pétagna, qui la connaît depuis 14 ans, qui l'a prise sous sa protection et lui a donné un asile, lors de sa dernière expulsion de Marseille ?

Notre vénéré ami reçut bientôt de ces éminents Prélats deux réponses qui prouvèrent à S. S. Pie IX jusqu'où allait la rage de ces diffamateurs; et nous reçûmes l'autorisation de publier les lettres transmises à Sa Sainteté. Mais pouvions-nous nous borner à cette simple justification, lorsque la diffamation se continuait en France? Il fallait rompre à tout prix cette nouvelle trame infernale et dénoncer cette abominable machination qui tendait à détruire la Salette, en tuant moralement son témoin irréprochable. C'est pourquoi on nous demanda de réfuter complètement ces infâmes calomnies contre la pieuse Bergère, afin de rendre toute son importance à la Sainte Apparition. Notre IIIe livre a répondu à ce désir.

L'impiété, déjouée sur ce point, s'est alors rejetée sur le *Document*, et elle l'a attribué au démon et à l'imagination malade de Mélanie. Les opposants sont parvenus à faire partager leur stupidité à des esprits droits et à des cœurs honnêtes, tant il est vrai que personne n'aime la censure, et que le respect humain qui empêche tout élan généreux, obscurcit bien des intelligences. Nous avons poursuivi l'opposition dans ce dernier subterfuge. Notre IVe opuscule a établi que le document est conforme aux enseignements de l'Eglise; mais notre preuve avait besoin de se compléter en montrant que les paroles de Marie ne sont point contredites par les paroles des prophètes, et que le peuple de Dieu a été traité comme le peuple chrétien, lorsque, se livrant à tous les désordres, ses lévites et ses rois l'entraînaient à l'apostasie. Encouragé par un vénérable Evêque, nous avons entrepris et nous publions cette V[e] étude.

Les plaintes de Marie contre les mauvais prêtres ont surtout excité la colère et les susceptibilités de certains esprits qui, identifiant la religion à ses ministres, croient que c'est nuire à l'Eglise que de déplorer hautement les scandales que causent les mauvais prêtres, et qui pour corriger le mal pensent qu'il n'y a rien de mieux à faire qu'à le dissimuler. Nous croyons tout le contraire, parce que ceux qui parlent ainsi, y ont peut-être intérêt; parce que c'est se rendre soi-même coupable que d'encourager le vice par son silence, et que toute fausse doctrine, que toute vie scandaleuse, surtout dans ceux qui ont le devoir spécial de bien instruire et édifier leurs frères, est une blessure faite à l'âme de chacun. D'ailleurs, les Saints dans tous les siècles, tant en public qu'en particulier, dans leurs écrits comme dans leurs instructions, se sont toujours élevés contre les désordres des ministres des autels. Aussi les efforts les plus constants des Papes et des Conciles ont toujours eu pour but la réformation du clergé, afin de ramener sans cesse les pasteurs des âmes à cette haute perfection que réclame l'administration des Sacrements. Or, nous dira-t-on que ces décrets sont soustraits à la connaissance des simples fidèles ?

Nous répondrons en bonne logique historique que si les laïques avaient toujours bien compris leurs devoirs, si, au lieu de suivre leurs pasteurs infidèles, ils avaient mérité les félicitations des Papes, autant que ces simples catholiques qui, même dans des églises, confondaient ceux qui, comme Nestorius, enseignaient l'erreur, l'Eglise n'aurait pas vu tant d'évêques et de prêtres scinder l'unité, corrompre la foi, détruire la morale et jeter les nations dans un abîme de malheurs.

Les individus, les peuples et les gouvernements ne sont bons qu'autant que les pasteurs sont selon le cœur de Dieu ; alors on peut compter que l'ordre règne, ou que le mal sera facilement dompté. Notre VIe livre citera, sur cette importante question de la sainteté des prêtres, toutes les autorités les plus respectables, afin que, dans ces temps de ténèbres, la lumière brille de tout son éclat et qu'elle montre d'avance, à qui saura voir, ce clergé rempli de science et de zèle, de vertu et de mérite, qui doit régénérer la société et établir le règne de Dieu dans tout l'univers. Alors deviendra évidente cette proposition que si tous les fléaux qui tombent sur la terre proviennent d'un sacerdoce perverti, tout bien au contraire descend sur l'humanité par la sainteté du prêtre, et qu'ainsi faire la guerre aux méchants, c'est glorifier les justes et servir la Religion.

Les circonstances deviennent de plus en plus graves. Les vénérables évêques de Poitiers, de Nîmes, de Périgueux, et Mgr Manning, ont exposé dans des lettres pastorales la situation actuelle de notre pauvre société, et Pie IX, dans deux Encycliques récentes, a révélé au monde catholique les outrages que la Révolution fait subir à l'Eglise. Le Vicaire de Jésus-Christ a lancé l'arrêt de la Vérité contre ces tyrans et leurs esclaves qui dévastent le champ du Seigneur. Leur rage tournera à leur honte, parce que les catholiques et leurs pasteurs persécutés en Italie, en Suisse, en Allemagne, en Orient, triompheront des bourreaux par leur courage et leur patience. Ils diront au besoin avec Pie IX : « *Melius est mori quam videre mala Sanctorum*, mieux vaut mourir que d'être témoin de telles infamies, et surtout que de contribuer au triomphe des méchants.

C'est aux fidèles de méditer les graves enseignements descendus du ciel sur la Salette ; ils prouvent la nécessité toujours plus urgente de revenir à Dieu et de calmer son courroux, pour qu'il prenne bien vite en main la défense de sa cause que le monde entier a abandonnée. Tel est l'ordre que tous les saints de notre époque nous donnent après Marie, depuis 28 ans, à l'envi de ce que ne cesse de proclamer en toute occasion l'humble Bergère de la Salette. Quand donc aurons-nous des yeux pour voir et des oreilles pour entendre ?

Nous sommes autorisé à publier ces lettres; nos lecteurs reconnaîtront qu'elles sont en harmonie parfaite avec toutes nos pensées et qu'elles confirment nos opuscules.

J. M. J. Castellamare, le 28 novembre 1873.

Monsieur,

Que Jésus soit aimé de tous les cœurs !

J'ai reçu et lu avec un vif intérêt votre quatrième volume, petit en apparence, mais considérable par tout ce qu'il contient. Vos livres font bien comprendre le mystère de la Salette, mystère de miséricorde qui, par des fléaux successifs, si nous continuons à résister aux plaintes et à la volonté de la Divine Vierge, nous fera du moins éviter des maux spirituels plus terribles encore. Vous les connaissez, vous, Monsieur, qui avez visité des nations infidèles et des peuples apostats, en dehors de l'unité catholique. Aussi, loin d'imiter ceux qui ont mis ce fait divin au niveau de leurs pauvres idées et de leur vil intérêt, vous le montrez admirablement dans toute sa largeur et sa profondeur. Le règne de Jésus et de Marie ne peut s'établir au milieu de troupeaux et de pasteurs qui ne sont pas selon leurs divins cœurs. Notre réconciliation ne peut donc arriver qu'après notre expiation, notre conversion. Vos livres et votre journal répandent depuis longtemps ces véridiques appréciations; aussi avait-il bien raison, ce digne curé de Savoie, de dire aux Missionnaires de la Salette que, pour consoler Marie et convertir les âmes, ils n'avaient qu'à répandre partout vos livres; il avait encore raison, ce R. Père de ma Sainte Montagne à qui on demandait pourquoi l'eau de la fontaine semblait diminuer, ainsi que les miracles, tandis que le contraire avait lieu ailleurs, de répondre: « Probablement n'aurons-nous pas bien compris la Salette. » — Courage, Monsieur, la Vierge réconciliatrice triomphera quand même, et vous aurez largement contribué au grand œuvre du salut de la France, de la conversion des âmes, de l'exaltation de l'Eglise, enfin du rétablissement de l'auguste Prisonnier du Vatican dans tous ses droits. Oui, courage et consolation sur vous! car vos publications sont bénies par bien des Evêques et principalement par l'Evêque des Evêques. C'est donc vainement que de pauvres prêtres se disant autorisés, vont chez vos libraires les forcer, sous peine de disgrâce, à ne pas vendre vos livres. Vous verrez que, malgré leurs efforts et les mauvaises circulaires, le repentir leur viendra et que vos travaux ne seront pas peine perdue.

Monsieur, mon sentiment est bien peu de chose et elle est bien minime l'importance de ma manière de voir; cependant, puisque vous voulez savoir ma petite pensée, je vous la dirai. — Je trouve dans ce réveil de la France catholique, dans ces pieux pèlerinages, dans cet esprit de foi, d'amour et de sacrifice qui se propage, un bon augure pour l'avenir et une consolation pour les bons catholiques. C'est un excellent moyen de diminuer les maux que la vengeance divine tient accumulés sur nos têtes; mais je voudrais voir saints les *anges de l'Eglise, les gardiens de nos âmes*, LE SEL DE LA TERRE, *la vie du catholicisme, le cœur de la religion*. Oh! oui, prêtres du Seigneur, je vous en conjure avec larmes, soyez les vrais ministres du Seigneur, ne soyez pas prêtres pour être prêtres, soyez des modèles; que tout en vous prouve que vous continuez la vie de Jésus-Christ sur la terre. Soyez la vraie lumière du monde, sinon, qui nous conduira à la vérité? Soyez humbles et n'ayez d'ambition que pour gagner beaucoup d'âmes à Dieu. Priez, expiez et faites grande pénitence; la tentation pour vous n'est pas éloignée. Revenez, si vous êtes tombés dans les ténèbres! Vous êtes mes Seigneurs, mes Maîtres et mes Pères. Je ne suis qu'une vile poussière, mais ne me regardez pas; allumez vos lampes; faites de bonnes œuvres, Dieu notre juge est irrité; faites pénitence; priez, priez, et priez bien.—Il ne suffit pas que les bons deviennent meilleurs, il faut encore que les hypocrites, les pervers, les masses méchantes, les gouvernements impies, se convertissent ou disparaissent. S'ils ne se convertissent, ils disparaîtront dans un cataclysme. Mais cette expiation forcée des méchants est sans mérite; il faut aussi l'expiation libre et pure des âmes chastes qui se sont déjà dévouées pour la victoire du bien. C'est donc avec bonheur que je lis vos livres et votre journal *la Terre sainte* que vous remplissez de ces saintes et salutaires vérités. Je suis heureuse d'apprendre que vous faites imprimer votre cinquième opuscule. On a prouvé contre les opposants que l'*entretien* de Marie avec les deux petits bergers, publié dès le commencement, ne pouvait être argué de faux à cause des idées qu'il contenait ou des expressions qu'il employait. Il vous sera facile de prouver qu'il en est de même pour le *Document* que j'ai tenu secret jusqu'à mon retour d'Angleterre, époque à laquelle je le remis à un de mes directeurs.

En janvier 1870, je l'ai donné à M. l'abbé Bliard, et peu après je le transcrivis pour vous et pour d'autres personnes. Les approbations qu'ont obtenues vos livres et celui de M. l'abbé Bliard, qui contiennent ce document que des inintelligents et des pervers ont méprisé comme œuvre du démon où de ma coupable imagination, prouvent d'abord que leur jugement est faux. Vous ferez donc bien, Monsieur, de reproduire et de *propager ce secret*, car il importe plus que jamais de le divulguer le plus possible. C'est une vérité à prêcher sur les toits, puisque c'est la voix de Marie qui se fait entendre. Vous ferez très-bien d'ajouter une nouvelle sanction à toutes celles que vous lui avez déjà données, et qui sera d'une extrême importance. En effet, ce document, venant d'En-Haut, doit être conforme à tout ce qui descend du ciel ; son langage, les vérités qu'il nous rappelle, doivent être un reflet de ce que dit la sainte Bible dans les mêmes circonstances.—Vous avez parfaitement expliqué ce que sont les Prophéties comminatoires, comment il faut entendre les expressions qui généralisent, et les figures poussées à l'extrême qui terrifient. Vous avez expliqué que Dieu vit toujours au présent, que son instantanéité est éternelle ; qu'il n'a ainsi ni passé ni futur. Aussi son présent n'est pas notre présent qui n'est que l'avenir s'écoulant sans interruption dans le passé. Aussi avons-nous hâte de voir et de jouir. Pour bien entendre les prophéties, il faut sortir, avez-vous dit, de l'esprit humain et entrer dans l'esprit Divin ; ainsi, ne point s'étonner des retards dans les événements, ni des changements d'époque. D'ailleurs, comprend-on bien les concessions que Dieu est comme forcé de faire aux saintes prières et à l'immolation des cœurs purs qui se dévouent? Et qui en pourra dire le nombre et la valeur? Enfin, les annonces des châtiments divins ne sont révélées que pour que nous les évitions en nous convertissant. Le sacerdoce et le peuple chrétien ont été figurés par la synagogue et le peuple juif. Or, les fautes, les crimes des individus et des nations, des brebis et des pasteurs, n'ont guère différé à certaines époques de relâchement et de perversion générale. Aussi le langage de Marie doit rappeler le langage de la Bible.—Vous savez et vous me dites tout cela ; et je vous assure que vous entrez de plus en plus dans les desseins de la Providence en ajoutant cette preuve à toutes les preuves que vous avez données de la céleste origine du *document* que j'affirme tenir de notre divine Mère, sans y avoir rien changé.

Cher Monsieur et courageux défenseur de la Salette, croyez bien que je ne cesse, malgré mon indignité, de prier pour vous, votre honorable famille et vos associés que vous me recommandez et qui désirent cette union spéciale de prières. Je le dois à cause de Notre-Dame de la Salette ; je le dois encore par reconnaissance : vous n'avez combattu que pour la Sainte Apparition et en faveur des deux Bergers. Mais n'oublions pas que si, pour d'autres, il est bon que la lumière se fasse sur bien des accusations et que la vérité ne soit pas écrasée sous le mensonge, il est bon pour moi de rester encore et toujours la victime de Jésus crucifié ; qu'avec Marie pleurant je me tienne avec ma digne supérieure au pied de la Croix.—Lorsque, dans le dernier numéro de *la Terre Sainte*, j'ai lu qu'un digne curé pensait que Dieu voulait mon retour en France, et que dans votre précédente lettre vous m'avez demandé ce que pensent de cela mes directeurs, mon cœur s'est réjoui tout d'abord. Comment, en effet, ne pas chérir sa patrie ? Comment ne pas regretter un bannissement imposé par les auteurs des maux de la France et de l'Eglise ? Comment ne pas aimer notre France *catholique* qui est, après le royaume du Ciel et de l'Eglise, le plus beau des royaumes ? Mais je suis bien vite revenue de mon transport tout humain. J'ai réfléchi, j'ai regardé, et j'ai dit : La France a besoin d'autres épreuves, parce qu'elle oublie encore son Dieu et ses devoirs ; je suis entre les mains de Jésus et de Jésus crucifié ; qu'il fasse de moi tout ce qu'il lui plaît. Je lui serai soumise jusqu'à la mort, et j'obéirai entièrement à la volonté de mon vénérable Evêque.

Je partage bien vos espérances sur la rénovation du clergé séculier et régulier ! Ces prêtres selon le cœur de Dieu seront de nouveaux apôtres ; les saints les ont désignés pour notre époque, et vous en citez un grand nombre dans votre dernier livre (p. 119). Ils régénéreront les peuples qui ont grandement besoin d'être instruits et édifiés par de saints pasteurs. Les bons exemples seront donnés partout ; on trouvera dans chaque prêtre, chaque évêque, un autre Jésus-Christ. Oh ! qu'il y aurait de choses à dire sur le détachement des biens de ce monde, sur la fuite des honneurs (le plus grand honneur en ce monde, c'est d'être prêtre), sur l'amour des pauvres, sur la pureté, sur la piété ! Un prêtre sans piété est un corps sans âme. La garde du tabernacle doit être l'amour du prêtre....

Que vous êtes heureux, Monsieur, d'être retourné sur la Sainte Montagne de la Salette avec vos jeunes Orientaux ! On y est si bien ! De là-haut, la pensée va droit au ciel ! On y respire un air si pur ! On dirait qu'on n'est plus de la terre ! Oh ! sans doute vous y avez prié pour la pauvre exilée. Que Jésus et notre Divine Mère Marie vous en bénissent mille fois pour moi !

Agréez l'hommage du profond respect avec lequel je suis, Monsieur, votre très-reconnaissante,

Marie de la CROIX, victime de Jésus.

J. M. J. Limoges, ce 17 décembre 1873.

Monsieur le Rédacteur,

Dès mon retour de Castellamare, je me suis fait un plaisir de vous écrire quelques mots sur mon voyage; aujourd'hui, pour répondre a votre désir, je vous dirai ce que Mélanie pense de la situation et de l'avenir de la France. Votre zèle pour la gloire de N.-D. de la Salette et votre profonde estime pour sa messagère persécutée autant que méconnue, qui nous révèle nos iniquités et les douleurs de Marie, me font une obligation de vous contenter. Je vous dirai donc ce que j'ai appris, et, si vous le permettez, je ferai en toute sincérité mes observations.

A la fin de septembre dernier, alors que tous se rassuraient et regardaient l'avénement d'Henri V comme très-prochain, Mélanie, du fond de son exil, s'étonnait de nos illusions: « Ah! Monsieur, me dit-elle, dès ma première visite, la France n'est pas encore convertie, il s'en faut, croyez-le bien. Tant que la statue de Voltaire se dressera au sein de la capitale, la France n'aura pas vu la fin de ses malheurs. Oui! Henri V viendra, mais on en saura le prix. »

Ce n'est pas la première fois que la Bergère de la Salette exhale le trop plein de son indignation contre cet abominable trophée de notre impiété, qui est une insulte, un blasphème permanent et public à l'adresse du Dieu dont l'amour avait fait la France si glorieuse et si grande.—Le calme et la conviction avec lesquels elle me dit ces paroles, me saisirent. Je voulus parler de nos manifestations religieuses, de nos pèlerinages nationaux, des prières publiques au nom de la France, du 24 mai qui semblait avoir ouvert sur notre malheureuse patrie l'ère de la miséricorde: elle ne répondit rien, peut-être pour ne pas me dire: « Monsieur, vous trouvez qu'on a beaucoup fait et que tout s'arrange bien...; moi, je trouve qu'on n'a pas assez pleuré, expié et réparé. »

Je l'interrogeai sur l'église nationale de N.-D. de la Salette à Limoges, au centre même de la France; Elle me répondit très-nettement: « Monsieur, l'œuvre se fera, mais le moment n'est pas encore venu. Patientez, Dieu saura triompher des obstacles; attendez après la crise; ceux qui vivront alors seront si heureux qu'ils se porteront avec élan et enthousiasme vers cette œuvre. »

Eh bien, cher Monsieur, aujourd'hui nos espérances d'il y a deux mois, sont renversées et les paroles de Mélanie se dressent menaçantes au milieu de nos déceptions. C'est au moment où nous nous pensions sauvés de l'abîme, que l'abîme nous apparaît dans toute sa profondeur. Se peut-il que la sagesse

des sages soit à ce point confondue par l'ignorance d'une pauvre femme ?... Voulez-vous encore savoir ce qu'elle m'écrit à la date du 12 courant ? « La terre est infectée de tant de pé-
» chés, qu'elle semble tomber en décomposition. Les hom-
» mes, non-seulement secouent le joug de notre sainte reli-
» gion, ils secouent aussi le joug de toute autorité pour vivre
» selon leurs propres caprices. L'ambition et les désirs des
» jouissances de toute nature sont si grands, que, pour remet-
» tre chacun à sa place et à son devoir, il faut des coups, il
» faut des fléaux qui matent l'homme et lui fassent connaî-
» tre que sans Dieu, il n'est rien, il ne peut rien !... Comme
» les avertissements, les menaces, ne font rien à l'homme;
» comme il est devenu plus que matériel, il lui faut du visi-
» ble, du sensible, de l'épouvante! Henri V, notre Henri V,
» viendra sur le trône de France, mais il viendra quand no-
» tre France broyée, foulée, l'appellera.... Pauvre France!
» et quand le sel de la terre sera ce qu'il doit être! »

Ainsi parle celle que, dans notre orgueil, nous traitons d'orgueilleuse, et que, dans leur aveuglement, nos endormeurs croient hallucinée. A ceux qui pensent ainsi, je souhaite un peu de l'humilité de cette orgueilleuse, un peu de la prudence de cette hallucinée.

Il y a un an passé que je suis en relation écrite et suivie avec elle; de plus, je l'ai vue et étudiée de près pendant les quatre jours que je suis resté à Castellamare; or, je certifie ne pas connaître une personne plus oublieuse d'elle-même et d'une prudence plus consommée, quoique sa prudence ne ressemble en rien à celle de nos hommes de paille; et je comprends qu'en Italie, où le sens de la foi est loin encore d'être descendu aussi bas que chez nous, tous, fidèles, prêtres, religieux, évêques, soient pour elle pleins d'une vénération qui va jusqu'à l'admiration chez ceux qui la connaissent plus intimement, et cela malgré le mépris et le dédain dont la France rationaliste et libérale l'honore.

On dit que la mission de Mélanie est terminée !—Qui mieux qu'elle en sait la durée et les limites? Et qui osera l'accuser de mensonge lorsqu'elle affirme, et j'en suis témoin, que sa mission ne doit finir qu'à sa mort ? —Tant que l'Eglise ne dit rien, la chose reste entre la Très-Sainte Vierge et Mélanie ; et ceux qui parlent oublient plus que d'autres qu'ils doivent se tenir sur la réserve.

On allègue que le secret qu'elle livre aujourd'hui à la publicité n'est pas le même que celui dont elle donna communication à Pie IX, cinq ans après l'apparition ; — mais, 1° s'il y a contradiction, pourquoi Pie IX a-t-il honoré consécutivement de trois bénédictions apostoliques et autographes l'auteur qui, dans trois opuscules, a fait connaître, avec un certain droit, ce secret au monde? — Et 2° s'il y a addition, cela prouve, comme Mélanie elle-même l'assure, qu'elle a dit seulement au Souverain Pontife tout ce qu'elle devait lui transmettre, c'est-à-dire tout ce que le Saint-Père avait besoin de connaître, et qu'elle s'était réservé de dire le surplus quand elle jugerait le moment venu.

Nous ne savons pas où nous en sommes, et c'est pitié de voir comme la lumière nous fait défaut pour les choses les plus évidentes. Allons, en effet, aux dernières conséquences : Si Mélanie est aujourd'hui capable d'hallucination et d'imposture dans la révélation du secret de Marie, elle en a été capable dans le récit du discours et de l'apparition elle-même ; si, par contre, elle a dû être assistée et préservée d'erreur dans un cas, elle doit l'être dans l'autre : le discours et le secret sont les deux parties essentielles d'un tout ; attaquer l'une, c'est détruire l'autre, et le tout disparaît.

Comment se peut-il que ces choses aient échappé à des personnes très-instruites et même à plusieurs qui sont assez dévouées au culte et à la gloire de N.-D. de la Salette? Il faut vraiment que l'enfer tout entier soit déchaîné contre la Sainte Apparition pour que cette œuvre soit ainsi sapée par ceux-là même qui ont le plus grand intérêt à la défendre ; cela seul, à mon avis, en révèle une fois de plus l'importance capitale pour le salut et la régénération des sociétés. Tout ce que je dis ici, que ne puis-je le dire à ciel ouvert ! le publier sur les toits ! Notre grand tort et notre grand malheur, c'est de n'avoir pas abordé assez franchement cette question de la Salette, qui renferme seule la solution des problèmes qui intéressent l'avenir de la France et du monde.

Pour croire aux menaces et en parler ouvertement, on a trop attendu ; aussi les événements nous ont surpris. Ainsi arriva-t-il au temps du déluge, alors même que Noé en eut menacé pendant cent ans les hommes qui se moquaient de ses préparatifs et aussi de ses prédictions. Il en a donc été pour nous *sicut fuit in temporibus Noë et Loth*.

Lorsque l'humble dépositaire du secret de Marie se taisait, tous voulaient connaître ce secret douloureux. Aujourd'hui qu'elle le révèle, on voudrait ne plus savoir qu'il existe et on cherche tous les prétextes pour ne pas y croire. « Comment, me disait Mélanie à ce sujet, des gens qui ne veulent pas se convertir, supporteraient-ils qu'on leur parle d'examen de conscience? Ah ! si ce secret eût moins froissé nos idées modernes et favorisé un peu plus le progrès de nos vices, comme tout le monde y eût cru et y eût applaudi ! Le contraire devait nécessairement provoquer le sarcasme et la révolte. C'est ce qui a lieu. »

En attendant, pendant que nous courons aveuglément à l'abîme, la prophétesse de nos malheurs fait son devoir, continue sa mission, et ne cesse de faire retentir sa voix et de nous dire ses alarmes. — Ah! pourquoi, Seigneur, avez-vous permis qu'elle fût envoyée, proscrite, au pied du Mont-Vésuve, dans cette terre où votre justice d'autrefois se montre encore si terrible, entre ces cendres qui couvrent les débris grandioses de la voluptueuse Pompéi et les laves qui ensevelissent si tristement Herculanum? N'était-ce pas afin que sa voix, nous arrivant de ces ruines et de ce volcan, empruntât à ce voisinage lugubre des accents plus formidables et plus pénétrants pour nous dire ce que nous avons eu et ce que nous aurons encore, si nous restons dans notre impiété?

Triste société! la voilà donc à l'état de cadavre, sans que rien puisse la ressusciter; la voilà toute gonflée d'orgueil et glacée d'égoïsme, repue de voluptés et tombant en pourriture depuis que l'impiété satanique de Voltaire domine le monde, après avoir fait les délices de la capitale de la France et de l'Univers! Quels coups de tonnerre pourront les réveiller de leur sommeil de mort? Quels éclairs de la Justice pourront illuminer la nuit de leurs égarements? Faudra-t-il donc, juste ciel! que nous descendions au fond de l'abîme pour mieux voir la hauteur d'où nous serons tombés? Faut-il que nous éprouvions jusqu'aux dernières rigueurs du châtiment pour mieux sentir l'énormité de nos ingratitudes envers le Christ qui avait tant aimé la France, et envers sa Mère qui s'obstine à nous sauver quand nous nous obstinons à nous perdre? — Douce Vierge réconciliatrice de la Salette, reine et mère de la miséricorde, ne le souffrez pas, ne le permettez pas!..... Pendant qu'il en est temps encore, obtenez nous de comprendre enfin l'éloquence de vos larmes, la valeur de vos prières, la force de vos menaces, l'importance de vos enseignements, la tristesse de votre âme comme mère de Jésus, la tendresse de votre cœur comme mère des chrétiens et Reine de la France!... Malgré l'apostasie des uns, les trahisons, les lâchetés des autres et les péchés de tous, continuez l'œuvre de notre réconciliation, et que votre amour achève dans la joie ce que votre amour a commencé dans les pleurs. Auriez-vous cessé d'être toute-puissante et toute bonne? Faites donc que les gémissements et les vœux des âmes qui vous aiment et veulent votre gloire, arrivent enfin au trône de la justice en étouffant les cris des provocateurs de la vengeance céleste. Alors l'efficacité de vos prières hâtera l'*heure de Dieu*, et le souvenir de vos larmes rendra bientôt la *parole à la France*. Alors viendra Celui que vous avez préparé pour notre salut, et le monde entier saura s'il peut périr, ce peuple que vous daignez encore appeler votre peuple. Alors commencera une nouvelle ère de prospérité: le Grand Pape et le Grand Roi se donneront la main pour étendre le règne de Dieu aux extrémités de la terre; et la France et l'Eglise, se prêtant comme autrefois le mutuel appui, l'une de son épée, l'autre de ses lumières, marcheront ensemble sous votre bannière immaculée à la conquête des âmes par le triomphe de la vérité.

Voilà, très-vénéré Monsieur, ce que je crains, mais aussi ce que j'espère. Gardez ma lettre pour vous, car les communications de Mélanie ne m'appartiennent peut-être pas assez pour les publier sans son consentement. Ensuite, ma manière de voir n'a actuellement aucune autorité. Attendons l'*heure de Dieu.* Ce que je vous donne aujourd'hui, c'est à titre de document pour l'avenir.

Tout à vous dans l'amour de Jésus pour la gloire de Marie et le salut de la France.

RIGAUD, *Prêtre de Notre-Dame de la Salette et enfant de ses larmes.*

APPROBATION.

Lamballe (Côtes-du-Nord), le 3 février 1874.

Mon cher Monsieur Girard,

J'ai lu les épreuves de votre Ve Opuscule, intitulé : *Les révélations de la Salette et celles de l'Ecriture Sainte.* J'y ai trouvé votre zèle constant et inextinguible pour la Sainte Eglise, la conversion des nations, l'expiation et le repentir des pécheurs de tous les rangs. Il ne m'appartient point de juger de l'origine, de la source du secret que vous y publiez. Mais, considéré en lui-même, vous l'avez montré pleinement conforme aux menaces, aux avertissements et aux exhortations des prophètes de l'ancien et du nouveau Testament. Je n'ai rien vu dans cet Opuscule qui ne soit conforme à la saine doctrine. Du reste, après les approbations et les encouragements que vos autres Opuscules, contenant la même doctrine et les mêmes avertissements, ont reçus de nombreux et savants Evêques d'Orient et d'Occident, mais, par-dessus tout, après les bénédictions que Notre Très-Saint Père le Pape a daigné accorder à ces précédents livres et à leur auteur, je ne puis que vous dire : Ce sont là des encouragements si consolants et si hauts, que l'on ne peut y rien ajouter. Les persécutions que votre amour de l'Eglise, de la France catholique et de sa Monarchie traditionnelle vous ont méritées, sont une sanction et une récompense, puisqu'elles vous associent aux amertumes du Vicaire de Jésus-Christ, à la croix du Sauveur lui-même, et à la part qu'il en a offerte et prescrite à tous ceux qui veulent le suivre. Ces deux choses : l'approbation du Vicaire de J.-C. et le partage de sa Croix, doivent vous convaincre que vous êtes dans la vérité et donner la consolation et la paix à votre âme.

Croyez bien, cher Monsieur, à tout l'affectueux respect de votre bien dévoué serviteur et ami,

Dr MAUPIED, *Camérier de S. S. Pie IX.*

LES

RÉVÉLATIONS DE LA SALETTE

ET

CELLES DE L'ÉCRITURE SAINTE

CHAPITRE I.

Entretien de la Sainte-Vierge avec les deux Bergers sur la montagne de la Salette.

Nous reproduisons d'abord la partie de cette révélation que, dès le commencement, on a nommée *le Discours de la Belle Dame*, ensuite ce qui a été publié de la seconde partie qu'on appelle encore *les Secrets de la Salette*.

Rien ne s'opposait à ce que le discours fût tout de suite livré aux laïques et aux prêtres. Marie avait ordonné aux deux Bergers de *le faire passer à tout son peuple*. Or, le peuple de Marie, n'est-ce pas tout le genre humain et spécialement l'univers catholique? Quant aux *secrets*, ils ne devaient être connus que de quelques-uns, puis être portés plus ou moins explicitement à la connaissance de tout le monde qu'à des époques fixées ou dans des circonstances prévues.

Nous avons dit dans nos premiers opuscules comment quelques personnes, même avant le Souverain Pontife, ont eu connaissance des secrets, et nous y avons relaté ce qui s'en était répandu dans le public. Nous affirmons de nouveau l'entière exactitude de tout ce que nous avons avancé. Ainsi Mgr de Bruillard a lu les secrets, et la lecture de celui de Mélanie lui a fait verser des larmes et dire plusieurs fois : *Nous sommes perdus*. Ce saint Evêque avait en mains un double ou une copie de chacun des secrets, au moment même où il les transmettait à l'Auguste Pie IX. Ce vénérable Prélat, sans cesse préoccupé de ces terribles révélations, fut amené par divers motifs à avouer à M. l'abbé Rousselot, au R.-P. Burnoud, au vénérable M. Gerin..., qu'il avait le double de ce qu'il avait envoyé à Rome. Il le déclara même par écrit à M. Similien. La connaissance parfaite qu'il avait de ces divines révélations lui permit en diverses occurrences de rectifier plusieurs interprétations erronées, et même d'en dire quelque chose au comte de Montémolin (Charles VI), à Mgr l'Evêque de Birmingham et à d'autres personnes qui le consultaient pour savoir ce qui les intéressait par rapport à l'Espagne, à l'Angleterre....

Plusieurs écrivains n'ont pas craint de publier dans leurs livres sur la Salette que Mgr de Bruillard et Mgr Ginoulhiac possédaient ces secrets et qu'ils avaient dû en prendre connaissance. Ces auteurs écrivaient ayant diverses pièces sous les yeux, et obtenaient pour leur travail des approbations et des encouragements de l'autorité diocésaine. Enfin, lorsque Napoléon III voulut connaître les secrets, des serviteurs zélés durent le contenter; mais ses envoyés, ayant dit à Grenoble même que les secrets de la Salette étaient absurdes, Mgr de Bruillard chargea les intimes d'affirmer de sa part qu'il n'y avait aucun rapport entre les vrais secrets déposés dans les mains du Saint-Père et ce qui avait été confié aux agents du pouvoir.

Ainsi M. Dausse, bien qu'il se contredise maintenant et qu'il ait expédié des circulaires contre nous, n'en est pas moins le premier qui ait décidé Mgr de Bruillard à lire le secret de Maximin, pour juger s'il méritait d'être envoyé au Pape. Puis, ce n'est pas à nous seul que ce même M. Dausse a certifié que Maximin le força d'accepter la première copie de son secret, dont il avait trop peu soigné l'écriture. Bien plus, cet incroyable contradicteur se chargea volontiers de l'examen de notre manuscrit et y inséra ses observations. C'est ainsi qu'il y a marqué la date des communications faites par lui, et *par écrit*, du secret dont il est encore possesseur, soit à Mgr Ginoulhiac, alors Evêque de Grenoble, qui le lui avait réclamé *officiellement*, soit à son confesseur, M. le chanoine de Taxis, nommé avec lui pour être témoin, lorsque Maximin l'écrirait, mais qui s'était retiré pendant que celui-ci faisait la seconde copie. Dès lors, on comprend que M. de Taxis se soit fait un plaisir de communiquer plus ou moins complétement ce secret à ses amis, le R.-P. Eymard, M. Gerin, curé de la cathédrale de Grenoble, l'abbé Bossan, alors missionnaire de la Salette, et à d'autres qui, de leur côté, se sont empressés aussi de propager ce qu'ils pouvaient savoir. Enfin, lorsque N.-S. Père le Pape eut reçu ces célestes communications, il en parla d'une manière générale aux deux prêtres qui les lui avaient apportées. Mais Sa Sainteté les transmit à plusieurs Cardinaux; S. Exc. le Cardinal Lambruschini le déclara, à Rome, à M. Rousselot, et avoua que lui-même les connaissait.

Il est facile de comprendre par ce simple exposé, dont nous avons donné des preuves nombreuses mais qu'on a peu connues ou qu'on a oubliées, parce qu'elles sont anciennes, pourquoi les secrets remis au Souverain Pontife ont été plus ou moins connus en France, en Italie et dans d'autres pays.—Il fallait même cette divulgation plus ou moins complète et positive des secrets, parce qu'il pouvait ne pas convenir au Chef de l'Eglise de les publier lui-même, et aussi pour que l'incrédulité ne pût soutenir que ces mystérieux secrets n'avaient été arrangés et répandus qu'après la réalisation des événements qu'ils auraient dû prophétiser en se propageant d'avance.

Nous savons que, quant au secret confié à Maximin par la Sainte Vierge, il était très-court; et nous croyons fermement que, dès 1851, le jeune Berger l'a tout révélé. S'il en est ainsi, ce qu'il a pu annoncer plus tard n'aurait d'autre autorité que celle de son intelligence et de sa vertu, car des révélations postérieures ne se présument pas; Maximin n'y prétend pas et il n'en a jamais parlé, du moins devant des hommes sérieux. Mais pour *le fait de l'apparition*, pour *le discours de la belle Dame* qu'il répète chaque jour aux pèlerins et sur *son secret* connu du Souverain Pontife et d'autres personnes, il mérite toute confiance. Cette distinction n'a rien de surprenant. On se rappelle la lettre que Mgr Paulinier, successeur de Mgr Ginouilhac, a adressée au journal *le Temps*. Ensuite, de vénérables prêtres qui ont su comprendre cette manifestation divine et repousser les calomnies lancées contre la pieuse Bergère, ont expliqué dans leurs sermons sur la Sainte Montagne comment les témoins de l'apparition représentent notre société dans ses vertus, dans ses défauts et dans ses vices.

Quant au secret de Mélanie, nous avons prouvé qu'il était fort long, et nous avons dit qu'en 1851 elle écrivit pour le Saint-Père tout ce qui devait LUI être révélé; ensuite, à son retour d'Angleterre, puis en Italie, elle a communiqué à quelques personnes la partie restée inconnue, parce qu'elle ne pouvait la livrer au public qu'après 1858.

Mélanie a remis son *document*, néanmoins, avec quelques suppressions indispensables, réclamées par la faiblesse des esprits et la perversité des cœurs, et aussi peut-être parce que le moment où il lui serait permis de tout dire, n'est pas encore venu. Malgré ces réticences, les opposants qui se croient parfaits, et les personnes qui craignent la vérité et le surnaturel, ou qui ne voient pas à quelle profondeur de corruption est descendue la société, ni à quelle hauteur de sainteté doivent remonter les pasteurs et les brebis pour que le règne de Dieu puisse s'établir sur terre, se sont offensés de toutes les révélations de Mélanie, même de celles qui regardaient Napoléon III. Ne pouvant poursuivre la Très-Sainte Vierge, ils s'évertuent à diffamer son meilleur témoin. Ils sont bien convaincus intérieurement que Marie a raison de pleurer sur la France coupable comme pleurait Jésus sur son ingrate patrie ; mais, pour n'avoir rien à discuter, ils posent, en fait, qu'il n'y a pas d'autres secrets de la Salette que ceux qui ont été envoyés au Souverain Pontife, et, en outre, que le Pape seul les connaît. Des *Semaines religieuses* se chargent de propager ces fausses données, cette erreur, tandis que d'autres feuilles catholiques s'efforcent d'enlever toute valeur au document, en incriminant Mélanie et ses écrits. Mais est-il permis de toujours diffamer et accuser sans jamais rien prouver? Des personnes *zélées* sont allées jusqu'à faire parvenir au Saint-Père les calomnies les plus atroces contre cette pauvre Religieuse....

Notre IIIe opuscule venge la réputation de parfaite intégrité de la pieuse Bergère, — intégrité sur laquelle nous donnons des preuves authentiques; et, pour son entière justification, nous avons publié les lettres que deux Prélats *parfaitement compétents* ont fait parvenir à l'Auguste Pie IX, afin de l'éclairer sur l'infamie des calomniateurs. Si la plus grande réserve ne nous était pas conseillée, nous pourrions mieux nous expliquer sur la vie angélique de cette *Victime de Jésus*.

Notre IVe volume démontre la vérité et le surnaturel du document de Mélanie. Pour y arriver, nous avons mis ce document en rapport avec les enseignements des saints Docteurs, et l'avons confronté avec les prédictions les plus autorisées. De plus, nous nous sommes appuyé sur les événements annoncés, qu'il était impossible de prévoir: leur réalisation n'en prouve-t-elle pas, de la manière la plus certaine, la céleste origine? D'ailleurs, les détracteurs de Mélanie savent bien que l'autorité ecclésiastique, de qui relève actuellement leur victime, connaît ce document. Ce n'est donc pas sans autorisation qu'il a été communiqué, et surtout sans approbation qu'il a été publié. Leurs attaques s'adressent dès lors autant à de vénérables Evêques qu'à Mélanie. Ainsi les adversaires de la Salette et les aveugles diffamateurs du témoin du miracle, s'acharnent sans motif à outrager la pauvre Bergère et à émettre contre les révélations de la Sainte Vierge de vagues reproches et des appréciations absurdes autant que suspectes, qu'ils ne savent pas même préciser et encore moins prouver.

Cette manière de procéder contre une personne consacrée à Dieu et protégée par son Evêque, est vraiment indigne. On dirait, parce qu'ils l'ont persécutée dès le commencement, qu'ils tiennent à achever leur œuvre scandaleuse. Toutefois, moins emportés et moins frivoles, ils comprendraient qu'en mettant quelque réserve dans leurs diatribes, ils indigneraient moins les gens sensés et pourraient mieux réussir auprès des âmes simples, et ils se rendraient moins coupables en méprisant, peut-être tout autant, la loi du respect envers l'autorité ecclésiastique et la loi de justice et d'amour envers le prochain. Mais ne serait-ce pas de parti-pris que ces ennemis de la Salette agissent ainsi, pour continuer leur conspiration contre l'Eglise et la France? Ils pactiseraient encore avec la révolution en rassurant les timorés contre les menaces du ciel et en endormant les superbes, qui, incapables d'aimer, ne comprennent même pas que *la crainte de Dieu est le commencement de la sagesse*. Ils se constituent donc, inconsciemment, je veux bien le croire, en guerre perpétuelle avec le surnaturel. Aussi nous paraît-il nécessaire de reproduire contre leurs agissements dangereux tout le discours de Marie, et nous défions de nouveau tous ceux qui n'y croient pas, et aussi tous les diffamateurs de Mélanie, d'en prouver la fausseté, même en un seul point, ni de justifier leur moindre attaque. Ils n'ont pas répondu à nos précédentes invitations, ils ne répondront pas davantage à celle-ci. Leur silence corrobore singulièrement nos arguments, et c'est à nos yeux la meilleure preuve de leur culpabilité.

Si tout le monde avait étudié le grand événement de la Salette ; si le clergé eût fait retentir toutes les chaires des plaintes, des reproches et des menaces de Marie, si le premier il eût donné l'exemple et entraîné les fidèles sur la Sainte Montagne pour faire amende honorable à Dieu, expier les péchés de tous, car tous nous sommes coupables, et se convertir..., aurions-nous éprouvé ce que nous éprouvons encore? Mais combien de diocèses où N.-D. de la Salette est encore méconnue? Oh ! qu'il est petit le nombre des Evêques de France et de l'étranger qui sont venus pleurer où a pleuré Marie, et qui ont conduit leurs ouailles au sanctuaire de la Réparation? C'est vraiment effrayant de voir que notre divine Mère, pleurant, gémissant de ne pouvoir plus nous défendre contre la justice divine, soit ainsi délaissée. Mais, dit-on, le pèlerinage de la Salette est trop pénible à entreprendre : c'est raisonner à la cosaque ; le Russe dit aussi : *Dieu est si haut ! Le Tsar est si loin ! La vérité est si nue !*

En effet, il est plus facile de pécher que d'expier, de descendre en enfer que de monter au ciel. Il est aussi plus agréable d'écouter des choses plaisantes que de se sentir troublé en entendant des vérités si dures sur des points dont on ne veut pas voir que le public est très-préoccupé, jusqu'au fond même des campagnes. Les payens ont dit avant nous que les adulateurs sont les ennemis les plus dangereux. Permis aux menteurs d'envenimer le mal, de pervertir les consciences et de rassurer les coupables par des louanges auxquelles ils croient moins que les autres. Mais nous, catholiques romains, enfants dévoués de Marie, nous devons incontestablement répéter sans cesse aux oreilles de tous les pervertis, les paroles mêmes de la Très-Sainte Vierge, avant que de nouveaux et de plus grands malheurs ne viennent encore nous surprendre. Que chacun repousse le crime du silence, car plus que jamais les croyants doivent publier sur les toits les confidences de Notre-Dame Réparatrice. Marie l'a ordonné à tous ses serviteurs quand par deux fois elle a dit à Mélanie et à Maximin de transmettre ses paroles à tout son peuple, au moins tant que notre repentir et nos pénitences volontaires ou forcées ne nous auront pas réconciliés avec Jésus-Christ.

Nous publions le document de Mélanie tel qu'elle nous l'a adressé. Il est en tout point conforme à celui qu'a reçu M. l'abbé Bliard et qu'il a inséré dans son livre : *Lettres à un ami sur le secret de la Salette*, livre approuvé par des Evêques et par l'autorité ecclésiastique de la ville où il a été imprimé. La foi est si peu robuste en France, que cet ouvrage a dû être publié à l'étranger.

Nous complétons aujourd'hui notre démonstration en faveur de cette révélation, la plus importante sur notre époque et sur l'avenir, en la comparant avec ce qu'ont révélé les prophètes et les apôtres en des circonstances analogues et dans les temps anciens.

La Bible est la parole de Dieu. Qui est-ce qui la médite et s'en instruit? Qui, parmi nous, l'a lue seulement une fois en sa vie? Et cependant ce livre renferme le pain supersubstantiel de tout fidèle instruit et surtout du prêtre. Si nos contradicteurs avaient fait l'étude que nous leur offrons et aperçu les similitudes que nous leur signalons, sans doute ils eussent bien mûrement réfléchi avant de bafouer cette terrible révélation de la Bergère. Mais, hélas! nous vivons dans l'humain, nous avons peur du surnaturel et de la sainteté ; nous amalgamons et gâtons tout ; les bagatelles nous absorbent; l'égoïsme nous dévore.—Les Etats ont apostasié ; la République chrétienne est remplacée par la République socialiste, et les institutions sont athées.

En cessant d'être catholiques, les peuples sont devenus barbares et les gouvernements persécuteurs. Le monde moderne, pire aujourd'hui que le monde ancien, a besoin d'être régénéré, restauré entièrement. Pour cela, il lui faut un clergé tel que nous le dépeint et que le veut Notre-Dame de la Salette, et non pas celui qui lui fait verser des torrents de larmes. Alors les pasteurs et les troupeaux n'auront plus à gémir en entendant ces effrayantes révélations :

» Avancez, mes enfants, n'ayez pas peur ; je suis ici
» pour vous conter une grande nouvelle.

» Si mon peuple ne veut pas se soumettre, je suis
» forcée de laisser aller le bras de mon Fils. Il est si
» lourd et si pesant, que je ne puis plus le retenir.

» Depuis le temps que je souffre pour vous autres ! Si
» je veux que mon Fils ne vous abandonne pas, je suis
» chargée de le prier sans cesse. Et pour vous autres,
» vous n'en faites pas cas. — Vous aurez beau prier,
» beau faire, jamais vous ne pourrez récompenser la
» peine que j'ai prise pour vous autres.

» Je vous ai donné six jours pour travailler ; je me
» suis réservé le septième, et on ne veut pas me l'accor-
» der. C'est ça qui appesantit tant le bras de mon Fils.
» Ceux qui conduisent les charrettes ne savent pas
» jurer sans mettre le nom de mon Fils au milieu. Ce
» sont les deux choses qui appesantissent tant le bras
» de mon Fils.

» Si la récolte se gâte, ce n'est qu'à cause de vous
» autres. Je vous l'ai fait voir l'année dernière par la
» récolte des pommes de terre ; vous n'en avez pas fait
» cas. C'est au contraire, quand vous trouviez des
» pommes de terre gâtées, vous juriez, vous y met-
» tiez le nom de mon Fils. Elles vont continuer à pourrir,
» et à Noël il n'y en aura plus. »

Ici Mélanie s'interrompt pour faire cette remarque : *Et moi, je ne comprenais pas ce que cela voulait dire :* DES POMMES DE TERRE. *J'allais le demander à Maximin, quand la Dame nous dit :*

» Ah ! mes enfants, vous ne comprenez pas? je m'en » vais vous le dire autrement.

La Sainte Vierge reprend l'alinéa précédent et le répète en patois du pays. Le reste du discours est aussi en patois. En voici la traduction :

» Si vous avez du blé, il ne faut pas le semer. Tout » ce que vous sèmerez, les bêtes le mangeront. Ce qui » viendra, tombera tout en poussière quand vous le » battrez.

» Il viendra une grande famine. Avant que la famine » vienne, les petits enfants au-dessous de sept ans » prendront un tremblement et mourront entre les » mains des personnes qui les tiendront. Les autre » feront leur pénitence par la famine. Les noix deviendront mauvaises. Les raisins pourriront ».

Après ces mots, la Sainte Vierge continue de parler, mais en français. Mélanie ne l'entend plus ; Maximin reçoit son secret. Un peu après, Maximin à son tour n'entend plus rien ; il voit remuer les lèvres de la Belle Dame, mais pas un son n'arrive à son oreille. La Sainte Vierge parlait à Mélanie seule et lui donnait aussi un secret.

Ce secret comprend ce qui, à un moment voulu, devait être transmis au Souverain Pontife et ce qui à une époque fixée pouvait être livré au public. Sur ces deux points, Mélanie a obéi à la Sainte Vierge. Si elle a fait, dans le document qui suit, quelques retranchements, nous en avons donné la raison.

« Ce que je vais vous dire maintenant ne sera pas » toujours secret, vous pourrez le publier en l'année » 1858 :

» Les prêtres ministres de mon Fils, les prêtres, par » leur mauvaise vie, par leurs irrévérences et leur impiété à célébrer les saints mystères, par l'amour de » l'argent, l'amour de l'honneur et des plaisirs... oui, » les prêtres demandent vengeance, et la vengeance » est suspendue sur leur tête : malheur aux prêtres et » aux personnes consacrées à Dieu, lesquelles, par leurs » infidélités et leur mauvaise vie, crucifient de nouveau » mon Fils ! Les péchés des personnes consacrées à » Dieu crient vers le ciel et appellent la vengeance : et

» voilà que la vengeance est à leur porte, car il ne se » trouve plus personne pour implorer miséricorde et » pardon pour le peuple, il n'y a plus d'âmes géné- » reuses, il n'y a plus personne digne d'offrir la Vic- » time sans tache à l'Eternel en faveur du monde. Dieu » va frapper d'une manière sans exemple. Malheur aux » habitants de la terre! Dieu va épuiser sa colère, et » personne ne pourra se soustraire à tant de maux réu- » nis... Au premier coup de son épée foudroyante, les » montagnes et la nature entière trembleront d'épou- » vante, parce que les désordres et les crimes des hom- » mes percent les voûtes des cieux.

» La terre sera frappée de toutes sortes de plaies » (outre la peste et la famine qui seront générales) ; il » y aura des guerres jusqu'à la dernière guerre qui sera » alors faite par les 10 rois de l'Antechrist, lesquels » rois auront tous un même dessein et seront les seuls » qui gouverneront le monde. Avant que ceci arrive... » etc., etc., etc. — La société est à la veille des fléaux » les plus terribles et des plus grands évènements, on » doit s'attendre à être gouverné par une verge de fer » et à boire le calice de la colère de Dieu.

» Que le Vicaire de mon Fils, le Souverain Pontife » Pie IX, ne sorte plus de Rome après l'année 1859 ; » mais qu'il soit ferme et généreux, qu'il combatte » avec les armes de la foi et de l'amour, je serai avec lui. » Qu'il se méfie de Napoléon : son cœur est double, et » quand il voudra être à la fois Pape et Empereur, » bientôt Dieu se retirera de lui ; il est cet aigle qui, » voulant toujours s'élever, tombera sur l'épée dont il » voulait se servir pour obliger les peuples à se faire » élever.

» L'Italie sera punie de son ambition en voulant se- » couer le joug du Seigneur des Seigneurs, aussi elle » sera livrée à la guerre, le sang coulera de tous côtés ; » les Eglises seront fermées ou profanées ; les prêtres, » les religieux, seront chassés, on les fera mourir et » mourir d'une mort cruelle ; plusieurs abandonneront » la foi, et le nombre de prêtres et de religieux qui se » sépareront de la vraie religion sera grand ; parmi ces » personnes, il se trouvera même plusieurs Evêques. » Que le Pape se tienne en garde contre les faiseurs de

» miracles, car le temps est venu que les prodiges les » plus étonnants auront lieu sur la terre et dans les » airs. En l'année 1864, Lucifer avec un grand nombre » de démons seront détachés de l'enfer ; ils aboliront » la foi peu à peu, même dans les personnes con- » sacrées à Dieu ; ils les aveugleront d'une telle ma- » nière, qu'à moins d'une grâce toute particulière, ces » personnes prendront l'esprit de ces mauvais anges ; » plusieurs maisons religieuses perdront entièrement » la foi et perdront beaucoup de personnes ; les mau- » vais livres abonderont sur la terre, et les esprits de » ténèbres répandront sur la terre un relâchement uni- » versel pour tout ce qui regarde le service de Dieu ; » ils auront (par punition de Dieu pour les crimes des » hommes) un très-grand pouvoir sur la nature ; il y » aura des églises pour servir ces esprits ; des person- » nes seront transportées d'un lieu à un autre par ces » esprits mauvais, et même des prêtres, parce qu'ils ne » se seront pas conduits par le bon Esprit de l'Evangile, » qui est un esprit d'humilité, de charité et de zèle pour » la gloire de Dieu. On fera ressusciter des morts et » des justes (c'est-à-dire que ces morts prendront la » figure des âmes justes qui avaient vécu sur la terre, » afin de mieux séduire les hommes ; ces soi-disant » morts ressuscités, qui ne seront autre chose que le » démon sous ces figures, prêcheront un autre Evangile » contraire à celui du vrai Christ Jésus, niant l'existence » du ciel), soit encore les âmes des damnés ; toutes ces » âmes paraîtront comme unies à leurs corps ; il y aura » en tous lieux des prodiges extraordinaires, parce que » la vraie foi s'est éteinte et que la fausse lumière » éclaire le monde, etc., etc.

» Le Vicaire de mon divin Fils aura beaucoup à souf- » frir, parce que pour un temps l'Eglise sera livrée à » de grandes persécutions : ce sera le temps des ténè- » bres ; l'Eglise aura une crise affreuse, etc., etc.

» La France, l'Italie, l'Espagne et l'Angleterre seront » en guerre, le sang coulera dans les rues, le Français » se battra avec le Français, l'Italien avec l'Italien ; puis » il y aura une guerre générale qui sera épouvantable ; » pour un temps, Dieu ne se souviendra plus de la » France ni de l'Italie (deux ans, un an), parce que

» l'Evangile de Jésus-Christ n'est plus connu, etc., » etc. ([1]).

» Le Saint Père souffrira beaucoup, je serai avec lui » jusqu'à la fin pour recevoir son sacrifice. Les mé- » chants attenteront plusieurs fois à sa vie (politique), etc., etc.

» Un avant-coureur de l'Antechrist avec ses troupes » de plusieurs nations combattra contre le vrai Christ, » le seul Sauveur du monde; il répandra beaucoup de » sang et voudra anéantir le culte de Dieu, pour se » faire regarder comme un Dieu.

» La nature demande vengeance pour les hommes; » et elle frémit d'épouvante dans l'attente de ce qui » doit arriver à la terre souillée de crimes. Tremblez, » terre; et vous qui faites profession de servir J.-C. et » qui au dedans vous adorez vous-mêmes, tremblez, » car Dieu va vous livrer à son ennemi, parce que les » lieux saints sont dans la corruption. (Beaucoup de » couvents ne sont plus les maisons de Dieu, etc., » etc.).

» Dans l'année 1865, on verra l'abomination dans » les lieux saints, dans les couvents, etc., et alors » le démon se rendra comme le roi des cœurs. Que ceux » qui sont en tête des Communautés religieuses se » tiennent en garde pour les personnes qu'elles doivent » recevoir, etc., car les désordres et l'amour des plai- » sirs charnels, etc., etc.

» Ce sera pendant ce temps que naîtra l'Antechrist, » d'une religieuse, etc.; son père sera évêque; en nais- » sant, il vomira des blasphèmes, il aura des dents; en » un mot, ce sera le diable incarné; il poussera des cris » effrayants, il fera des prodiges, il ne se nourrira que » d'impureté; il aura des frères qui, quoiqu'ils ne » soient pas comme lui des démons incarnés, seront des » enfants de mal; à 12 ans, ils se feront remarquer par » les vaillantes victoires qu'ils remporteront; bientôt » ils seront chacun à la tête des armées, etc., etc.

» Paris sera brûlé et Marseille englouti, plusieurs » grandes villes seront ébranlées et englouties par les » tremblements de terre, etc., etc.

([1]) Ceci se rapporte à un fait non encore communiqué par Mélanie.

» J'adresse un pressant appel à la terre, j'appelle les » vrais disciples du Dieu vivant et régnant dans les » cieux, j'appelle les vrais imitateurs du Christ fait » homme, le seul et vrai Sauveur des hommes; j'ap- » pelle mes enfants, mes vrais dévots, ceux qui se sont » donnés à moi pour que je les conduise à mon Divin » Fils, ceux que je porte pour ainsi dire dans mes bras, » ceux qui ont vécu de mon esprit; enfin, j'appelle les » apôtres des derniers temps, les fidèles disciples de » J.-C. qui ont vécu dans un mépris du monde et d'eux- » mêmes, dans la pauvreté et dans l'humilité, dans le » mépris et dans le silence, dans l'oraison et dans la » mortification, dans la chasteté et dans l'union avec » Dieu, dans la souffrance et inconnus du monde; il » est temps qu'ils sortent et viennent éclairer la terre. » Allez et montrez-vous comme mes enfants chéris, je » suis avec vous et en vous, pourvu que votre foi soit la » lumière qui vous éclaire dans ces jours de malheur; » que votre zèle vous rende comme des affamés pour la » gloire et l'honneur du Dieu Très-Haut; combattez, » enfants de lumière, vous, petit nombre qui y voyez, » car voici le temps des temps, la fin des fins, etc., le » règne des dix rois. Malheur aux habitants de la terre! » Il y aura des guerres sanglantes et des famines, des » pestes et des maladies contagieuses, il y aura des » pluies d'une grêle effroyable d'animaux, des tonner- » res qui ébranleront des villes, des tremblements de » terre qui engloutiront des pays; on entendra des voix » dans les airs, les hommes se battront la tête contre » les murailles, ils appelleront la mort, et d'un autre » côté la mort fera leur supplice; le sang coulera de » tout côté; qui pourra vaincre? etc. Le feu du ciel tom- » bera et consumera trois villes, tout l'univers sera » frappé de terreur, et beaucoup se laisseront séduire » parce qu'ils n'ont pas adoré le vrai Christ vivant » parmi eux. Il est temps, le soleil s'obscurcit, la foi » seule arrivera; voici le temps, l'abîme s'ouvre, voici » le roi des rois des ténèbres, voici la bête avec ses su- » jets, etc. (ne passera pas deux fois 50). »

Après avoir donné un secret à chacun des Bergers, la Sainte-Vierge reprend, dans le patois du pays :

« S'ils se convertissent, les pierres et les rochers se
» changeront en monceaux de blé, et les pommes de
» terre se trouveront ensemencées par les terres.

» Faites-vous bien votre prière, mes enfants? » —
» Oh! non, Madame, bien peu. » — « Ah! mes enfants,
» il faut bien la faire soir et matin. Quand vous n'au-
» rez pas le temps et que vous ne pourrez pas mieux
» faire, dites au moins un *Pater* et un *Ave Maria;* et
» quand vous aurez le temps, il faut en dire davantage.

» Il ne va que quelques femmes un peu âgées à la
» messe; les autres travaillent le dimanche tout l'été,
» et l'hiver, quand ils ne savent que faire, ils ne vont à
» la messe que pour se moquer de la Religion. Et le ca-
» rême, ils vont à la boucherie comme des chiens.

Ensuite, disent les enfants, la Belle Dame nous a dit : « N'avez-vous jamais vu du blé gâté, mes enfants? » Maximin répondit : « Oh! non, Madame. » — Moi, ajoute Mélanie, je ne savais pas à qui elle demandait cela, et je répondis bien doucement : « Non, Madame, je n'en ai point vu. »

La Sainte-Vierge s'adressant à Maximin :

« Mais toi, mon enfant, tu dois bien en avoir vu une
» fois vers le Coin [1], avec ton père. L'homme de la
» pièce dit à ton père : « Venez voir mon blé gâté. »
» Vous y allâtes tous les deux. Il prit deux ou trois épis
» dans sa main, et puis il les froissa, et tout tomba en
» poussière. Et puis, en vous en retournant, quand vous
» n'étiez plus qu'à une demi-heure loin de Corps, ton
» père te donna un morceau de pain en te disant :
» Tiens, mon petit, mange ce pain; car je ne sais pas
» qui en mangera l'année prochaine, si le blé continue
comme ça (à se gâter). »

Je lui répondis, dit le petit garçon : « C'est bien vrai,
» Madame; je ne me le rappelais pas. »

Après cela, elle nous dit en français : « Eh bien! mes
» enfants, vous le ferez passer à tout mon peuple. »

Puis elle a passé le ruisseau, et à deux pas du ruisseau, sans se retourner vers nous, elle nous a répété :

» Eh bien! mes enfants, vous le ferez passer à tout
» mon peuple. » — Tel fut l'entretien de Marie! Maintenant, justifions le secret confié à Mélanie.

(1) Nom d'un petit hameau à quelque distance de Corps.

CHAPITRE II.

I.—*Ce que je vais vous dire maintenant ne sera pas toujours secret, vous pourrez le publier en l'année 1858 :—Les prêtres ministres de mon Fils, les prêtres, par leur mauvaise vie, par leurs irrévérences et leur impiété à célébrer les saints mystères par l'amour de l'argent, l'amour de l'honneur et des plaisirs..., oui, les prêtres demandent vengeance, et la vengeance est suspendue sur leur tête : malheur aux prêtres et aux personnes consacrées à Dieu, lesquelles, par leurs infidélités et leur mauvaise vie, crucifient de nouveau mon Fils ! Les péchés des personnes consacrées à Dieu crient vers le ciel et appellent la vengeance ; et voilà que la vengeance est à leurs portes, car il ne se trouve plus personne pour implorer miséricorde et pardon pour le peuple, il n'y a plus d'âmes généreuses, il n'y a plus personne digne d'offrir la Victime sans tache à l'Eternel en faveur du monde. Dieu va frapper d'une manière sans exemple. Malheur aux habitants de la terre ! Dieu va épuiser sa colère, et personne ne pourra se soustraire à tant de maux réunis.... Au premier coup de son épée foudroyante, les montagnes et la nature entière trembleront d'épouvante, parce que les désordres et les crimes des hommes percent les voûtes des cieux.*

Justifions ces plaintes et ces menaces que Marie adresse à son peuple et aux ministres de son Fils, qui méconnaissent leurs devoirs, par celles que les prophètes faisaient entendre au peuple de Dieu et aux lévites prévaricateurs. Nous y verrons bien des ressemblances, quoique la société chrétienne, par l'abus des grâces, soit plus coupable que la nation juive. Mais, sur la Salette, c'est Marie, notre divine mère, qui se charge de nous transmettre les oracles célestes, espérant encore que nous apaiserons le courroux de son Fils et satisferons à la justice de Dieu.

Jérémie (IV, 9, 14, 18, 20, 22, 25) : En ce temps-là, dit le Seigneur, le cœur du roi sera comme mort, aussi bien que le cœur des princes ; les prêtres seront dans l'épouvante et les prophètes dans la consternation.— Jérusalem, purifiez votre cœur de sa corruption, afin que vous soyez sauvée : jusques à quand les pensées mauvaises demeureront-elles dans vous ? — Vos actions et vos pensées vous ont attiré ces maux ; c'est là le fruit de votre malice, parce qu'elle est pleine d'amertume, et qu'elle a pénétré jusqu'au fond de votre cœur. —On a vu venir malheur sur malheur ; toute la terre a été détruite.... — Tous ces maux sont arrivés parce que mon peuple est insensé, et qu'il ne m'a point connu. Ce sont des enfants qui n'ont point de sens, ni de raison ; ils sont habiles pour faire le mal, et ils n'ont point d'intelligence pour faire le bien. — (Ps. XIII, 2, 3.) Ils se sont corrompus et sont devenus abominables dans toutes leurs affections et leurs désirs : il n'en est point qui fasse le bien, il n'y en a pas un seul.—Le Seigneur a regardé du haut du ciel sur les enfants des hommes, afin de voir s'il en trouvera quelqu'un qui ait l'intelligence ou qui cherche Dieu.— Mais tous se sont détournés de la droite voie, ils sont tous devenus inutiles. Il n'y en a point qui fasse le bien, il n'y en a pas un seul.... Tous ces hommes qui commettent l'iniquité ne connaîtront-ils donc point enfin ma justice, eux qui dévorent mon peuple ainsi qu'un morceau de pain ?

(Ps. LXVIII, 24...) Mon cœur s'est préparé à toutes sortes d'opprobres et de misères, et j'ai attendu que quelqu'un s'attristât avec moi ; mais nul ne l'a fait ; j'ai attendu que quelqu'un me consolât ; mais je n'ai trouvé personne qui voulût le faire. — (Jér., VI, 10, 13, 14, 15.) A qui adresserai-je ma parole...? Leurs oreilles sont incirconcises, et ils ne peuvent entendre : ils n'ont que du mépris pour la parole du Seigneur, et ils ne la veulent point recevoir, parce que, depuis le plus petit jusqu'au plus grand, tous s'étudient à satisfaire leur avarice, et depuis le prophète jusqu'au prêtre, tous ne pensent qu'à tromper avec adresse. — *Ils guérissaient les plaies de mon peuple d'une manière honteuse, en disant : La paix, la paix ! lorsqu'il n'y avait point de paix.* — Ils ont été confus, parce qu'ils ont fait des choses abominables ; ou plutôt la confusion même n'a pu les confondre, et ils n'ont su ce que c'était que de rougir. C'est pourquoi ils tomberont parmi la foule des mourants; ils périront tous ensemble au temps destiné à leur punition, dit le Seigneur.—(X, 21.) Car TOUS les pasteurs ont agi d'une manière insensée; ils n'ont point cherché le Seigneur, c'est pourquoi ils ont été sans intelligence, et tout leur troupeau a été dispersé.—(XII, 10, 11.) Un grand nombre de pasteurs ont détruit ma vigne; ils ont foulé aux pieds le lieu que j'avais choisi pour mon partage; ils ont changé en une affreuse solitude l'héritage que j'avais préféré et que j'avais rendu si beau.—Ils ont bouleversé la terre, et elle pleure voyant que je l'ai abandonnée; elle est dans une extrême désolation, parce qu'il n'y a personne qui ait le cœur attentif. — (XXIII, 1, 2, 3, 4, 10, 11...) Malheur aux pasteurs qui font ainsi périr et qui déchirent les brebis de mes pâturages! dit le Seigneur. — C'est pourquoi voici ce que dit le Dieu d'Israël aux pasteurs qui conduisent mon peuple: Vous avez dispersé les brebis de mon troupeau, vous les avez chassées, et vous ne les avez point visitées; et moi je vous visiterai pour punir le déréglement de votre cœur et de vos œuvres, dit le Seigneur. — Je rassemblerai toutes les brebis qui resteront de mon troupeau; de toutes les terres dans lesquelles je les aurai chassées, je les ferai revenir à leurs champs, et elles croîtront et se multiplieront. — Je leur donnerai des pasteurs qui auront soin de les paître; elles ne seront plus dans la crainte et dans l'épouvante... Mon cœur s'est brisé dans moi-même... Car la terre est remplie d'adultères, la terre pleure à cause des blasphèmes qu'on y entend; les champs du désert sont devenus secs et arides: ils ont couru pour faire le mal, et toute leur puissance n'a servi qu'à l'injustice. — Car le prophète et le prêtre se sont corrompus, et j'ai trouvé dans ma maison les maux qu'ils ont faits, dit le Seigneur.— C'est pourquoi leur voie sera comme un chemin glissant dans les ténèbres; car on les poussera avec effort, et ils tomberont tous ensemble, parce que je les accablerai de maux, au temps où je les visiterai... J'ai vu l'extravagance dans les prophètes de Samarie; ils prophétisaient au nom de Baal, et ils séduisaient mon peuple d'Israël. — J'ai vu les prophètes de Jérusalem semblables à des adultères; j'ai vu parmi eux la voie du mensonge; ils ont fortifié les mains des méchants pour empêcher que les hommes ne se convertissent du dérèglement de leur vie; ils sont devenus devant mes yeux comme Sodome, et les habitants de Jérusalem comme Gomorrhe: c'est pourquoi voici ce que le Seigneur des armées dit aux prophètes: Je les nourrirai d'absinthe et je les abreuverai de fiel, parce que la corruption s'est répandue des prophètes de Jérusalem sur toute la terre. — Voici ce que dit le Seigneur des armées: N'écoutez point les paroles des prophètes qui vous prophétisent et qui vous trompent; ils publient les visions de leur cœur et non ce qu'ils ont appris de la bouche du Seigneur. — Ils disent à ceux qui me blasphèment: Le Seigneur l'a dit, vous aurez la paix; et à tous ceux qui marchent dans la corruption de leur cœur: Il ne vous arrivera point de mal. — Mais qui d'entre eux a assisté au conseil de Dieu? Qui l'a vu, et qui a écouté ce qu'il a dit? Qui d'entre eux a médité sa parole et l'a entendue? — Le tourbillon de la colère du Seigneur va éclater sur la tête des impies, et la tempête, après avoir rompu la nuée, tombera sur eux.

Je n'envoyais point ces prophètes et ils couraient d'eux-mêmes; je ne leur parlais point, et ils prophétisaient de leur tête. — S'ils se fussent soumis à ma volonté et qu'ils eussent fait connaître mes paroles à mon peuple, je les aurais retirés de leur mauvaise voie et du dérèglement de leurs pensées... — J'ai entendu ce qu'ont dit ces prophètes qui prophétisent le mensonge en mon nom, en disant: J'ai songé, j'ai songé... Je viens à ces prophètes, dit le Seigneur, qui ont des visions de mensonge, qui les racontent à mon peuple et qui le séduisent par leurs mensonges et par leurs miracles, quoique je ne les aie point envoyés et que je ne leur aie donné aucun ordre, et qui n'ont aussi servi de rien à ce peuple, dit le Seigneur. Si donc ce peuple ou un prophète, ou un prêtre, vous interroge et vous demande: Quel est le fardeau du Seigneur? vous lui direz: *C'est vous-même qui êtes le fardeau*; et je vous jetterai loin de moi, dit le Seigneur... Je vous couvrirai d'un opprobre qui ne finira point et d'une éternelle ignominie dont la mémoire ne s'effacera jamais. — (XXV, 30.) Car je vais commencer à affliger les habitants de cette ville même où l'on invoquait mon nom, et vous prétendiez après cela être exempts de châtiments, comme si vous étiez innocents ! Vous ne vous en exempterez point, car je vais envoyer l'épée contre tous les habitants de la terre... Ceux que le Seigneur aura tués en ce jour-là seront étendus sur la terre, d'un bout à l'autre ; on ne les pleurera point, on ne les relèvera point, on ne les ensevelira point, mais ils demeureront sur la face de la terre comme du fumier. — Hurlez, pasteurs, et criez ; couvrez-vous de cendre, vous qui êtes les chefs de mon troupeau, car le temps est accompli où vous devez être tués, où vous serez dispersés, et vous tomberez par terre comme des vases d'un grand prix. — Les pasteurs voudront fuir et ne le pourront ; les chefs du troupeau chercheront leur salut inutilement. — Les cris des bergers se mêleront avec les hurlements des chefs du troupeau, parce que le Seigneur a détruit tous leurs pâturages. »

Dieu parle de même à Ezéchiel (XXXIV, 2) : « Fils de l'homme, prophétisez touchant les pasteurs d'Israël ; prophétisez et dites aux pasteurs : Voici ce que dit le Seigneur Dieu : Malheur aux pasteurs d'Israël qui se paissaient eux-mêmes ! Les pasteurs ne paissent-ils pas leurs troupeaux ? Vous mangiez le lait, et vous vous couvriez de la laine ; vous preniez les brebis les plus grasses pour les tuer, et vous ne vous mettiez pas en peine de paître mon troupeau. — Vous n'avez point travaillé à fortifier celles qui étaient faibles, ni à guérir celles qui étaient malades ; vous n'avez point bandé les plaies de celles qui étaient blessées, vous n'avez point relevé celles qui étaient tombées, et vous n'avez point cherché celles qui s'étaient perdues ; mais vous les dominiez avec une rigueur sévère et avec empire. — Ainsi mes brebis ont été dispersées parce qu'elles n'avaient point de pasteur ; elles ont été dispersées en divers lieux et elles sont devenues la proie de toutes les bêtes sauvages... sans qu'il y eût personne qui se soit mis en peine de les chercher. »

Parole de Dieu adressée à Jérémie (XLIV, 2) : « Vous avez vu tous les maux que j'ai fait venir sur Jérusalem et sur toutes les villes de Juda; vous voyez qu'elles sont aujourd'hui désertes et sans aucun habitant, parce qu'ils ont irrité ma colère par les crimes qu'ils ont commis, en sacrifiant à des dieux étrangers et en adorant ceux qui n'étaient connus, ni d'eux, ni de vous, ni de vos pères. — J'ai eu un très-grand soin de vous envoyer tous mes serviteurs et tous mes prophètes, et de vous faire dire par eux : Ne commettez point ces abominations que je déteste. — Et cependant ils ne m'ont point écouté; ils ne se sont point soumis pour entendre ma voix, pour se convertir de leur méchanceté, et ne plus sacrifier aux dieux étrangers. — Aussi ma colère et ma fureur se sont allumées; elles ont embrasé les villes de Juda et les grandes places de Jérusalem, qui ont été changées en cette solitude où on les voit aujourd'hui. — (Is., XXIV, 4) : La terre est dans les larmes; elle se fond, elle tombe dans la défaillance; le monde périt; tout ce qu'il y a de grand parmi les peuples est dans l'abaissement. — La terre est infectée par la corruption de ceux qui l'habitent, parce qu'ils ont violé les lois, qu'ils ont changé le droit, et qu'ils ont rompu l'alliance qui devait durer éternellement [1]. C'est pourquoi la malédiction dévorera la terre; ceux qui l'habitent s'abandonneront au péché; ceux qui la cultivent seront insensés, et il n'y demeurera que très-

[1] Il est facile de comprendre toutes ces paroles inspirées d'En-Haut et de voir ce que notre époque doit s'approprier. Amos dit à ceux qui nient les prophéties (III, 7) : *Le Seigneur Dieu ne fait rien sans avoir révélé auparavant son secret aux prophètes ses serviteurs, afin qu'ils avertissent ceux qu'il veut châtier.* — St Liguori répète après Osée (V, 1) et St Pierre (IV, 17), ces tristes paroles : *Audite hoc, sacerdotes... quia vobis judicium est.* — Voici le temps où Dieu doit commencer son jugement par sa propre maison. Pourquoi? parce que le clergé qui donne de mauvais exemples ou même qui néglige de cultiver la vigne que le Seigneur lui a confiée, est la cause première des péchés du peuple. Ezéchiel (IX, 4) nous rapporte comment s'exécuta la sentence divine contre les Juifs prévaricateurs : « Le Seigneur dit (à l'ange) : Passez au travers de la ville, au milieu de Jérusalem, et marquez d'un T le front des hommes qui gémissent et qui sont dans la douleur de voir toutes les abominations qui s'y commettent. — Et j'entendis qu'il disait aux autres (anges) : Suivez-le et passez au travers de la ville, et frappez ; que votre œil ne se laisse point fléchir, et ne soyez touchés d'aucune compassion : Vieillards, hommes, vierges, femmes et enfants, frappez-les à mort tous, sans qu'aucun n'échappe ; mais ne tuez aucun de ceux sur le front desquels vous verrez le *Thau* écrit, *et commencez par mon sanctuaire*. Ils commencèrent donc le carnage (par les prêtres) par les plus *anciens* qui étaient devant le temple. Et il leur dit : Profanez le temple et remplissez le parvis de corps tout sanglants : — Sortez ! Et ils sortirent, et ils frappèrent ceux qui étaient dans la ville.

peu d'hommes. — (Mich., VII, 2.) On ne trouve plus de saints sur la terre ; il n'y a personne qui ait le cœur droit; tous tendent des piéges... Ils appellent bien le mal qu'ils font... Le meilleur d'entre eux est comme une ronce, et le plus juste, comme l'épine d'une haie. Mais voici le jour qu'ont vu les prophètes, voici le temps où Dieu vous visitera: vous allez être détruits... Et la terre sera désolée à cause de ses habitants, pour les punir de leurs desseins criminels. »

CHAPITRE III.

II. *La terre sera frappée de toutes sortes de plaies (outre la peste et la famine qui seront générales); il y aura des guerres jusqu'à la dernière guerre qui sera alors faite par les 10 rois de l'Antechrist, lesquels rois auront tous un même dessein et seront les seuls qui gouverneront le monde. Avant que ceci arrive...., etc., etc. — La société est à la veille des fléaux les plus terribles et des plus grands événements ; on doit s'attendre à être gouverné par une verge de fer et à boire le calice de la colère de Dieu.*

Cet alinéa et quelques autres indiquent les fléaux dont Dieu frappe le peuple chrétien depuis la Ste-Apparition, et ceux qu'il lui enverra jusqu'à la fin des temps, selon le nombre et l'énormité de ses prévarications ; mais Marie nous révèle aussi dans son discours (p. 13, 14) les bienfaits dont le ciel comble les nations quand elles observent les commandements de Dieu et de l'Eglise. Voyons dans la Bible si l'Esprit-Saint, en s'adressant à Israël, fait tenir à ses prophètes un autre langage que celui de Marie :

« (Lévit. XXVI, 3 et 8.) Si vous marchez selon mes préceptes, si vous gardez et pratiquez mes commandements, je vous donnerai les pluies propres à chaque saison ; — la terre produira les grains, et les arbres se couvriront de fruits ; — la moisson, avant d'être battue, sera pressée par la vendange, et la vendange, avant d'être achevée, sera elle-même pressée par le temps des semailles : vous mangerez votre pain et vous serez rassasiés, et vous habiterez dans votre terre sans aucune crainte. — J'établirai la paix dans l'étendue de votre pays; vous dormirez en repos et il n'y aura personne qui vous inquiète. J'éloignerai de vous les bêtes qui pourraient vous nuire, et l'épée des ennemis ne passera point par vos terres. — Vous poursuivrez vos ennemis et ils tomberont en foule devant vous. — Cinq d'entre vous en poursuivront cent, et cent d'entre vous en poursuivront dix mille : vos ennemis tomberont sous l'épée devant vos yeux. Je vous regarderai favorablement et je vous ferai croître : vous vous multiplierez de plus en plus et j'affermirai mon alliance avec vous. — Vous mangerez les fruits de la terre que vous aurez en réserve depuis longtemps, et vous rejetterez à la fin les vieux, dans la grande abondance où vous serez des nouveaux.... Je marcherai au milieu de vous. Je serai votre Dieu et vous serez mon peuple. »

« Si vous ne m'écoutez point et que vous n'exécutiez point tous mes commandements; — si vous dédaignez de suivre mes lois et que vous méprisiez mes ordonnances; si vous ne faites point ce que je vous ai prescrit et si vous rendez mon alliance vaine et inutile, voici la manière dont j'en userai aussi avec vous : je vous punirai bientôt par l'indigence et par une ardeur qui desséchera vos yeux et qui vous consumera. Ce sera en vain que vous sèmerez vos grains, parce que vos ennemis les dévoreront. — J'arrêterai sur vous l'œil de ma colère; vous tomberez devant vos ennemis et vous serez assujettis à ceux qui vous haïssent; vous fuirez sans que personne vous poursuive. Si, après cela, vous ne m'obéissez point, je vous châtierai encore sept fois davantage, à cause de vos péchés. — Et je briserai la dureté de votre orgueil. Je ferai que le ciel sera pour vous comme de fer et la terre comme d'airain. — Tous vos travaux seront rendus inutiles : la terre ne produira point de grains, ni les arbres ne donneront point de fruits. — Si vous vous opposez encore à moi et que vous ne vouliez point m'écouter, je multiplierai vos plaies sept fois plus, à cause de vos iniquités.»

« J'enverrai contre vous des bêtes sauvages qui vous

consumeront vous et vos troupeaux; qui vous réduiront à un petit nombre et qui rendront vos chemins déserts. — Si, après cela, vous ne voulez point encore vous corriger, et que vous continuiez à marcher contre moi, je marcherai aussi moi-même contre vous, et je vous frapperai sept fois davantage à cause de vos péchés : — Je ferai venir sur vous l'épée qui vous punira pour avoir rompu mon alliance; et quand vous vous serez réfugiés dans les villes, j'enverrai la peste au milieu de vous, et vous serez livrés entre les mains de vos ennemis. Alors j'aurai brisé votre soutien, qui est le pain, en sorte que dix femmes cuiront du pain dans le même four, et elles le distribueront au poids : et vous en mangerez sans en être rassasiés. »

« Si même, après cela, vous ne m'écoutez pas encore et que vous continuiez à marcher contre moi, — je marcherai aussi contre vous; j'opposerai ma fureur à la vôtre et je vous châtierai de sept plaies nouvelles, à cause de vos péchés, jusqu'à vous réduire à manger la chair de vos fils et de vos filles. — Je détruirai vos hauts lieux et je briserai vos statues. Vous tomberez parmi les ruines de vos idoles, et mon âme vous aura en une telle abomination, que je changerai vos villes en solitudes; je ferai de vos sanctuaires des lieux déserts, et je ne recevrai plus de vous l'odeur très-agréable des sacrifices. — Je ravagerai votre pays, je le rendrai l'étonnement de vos ennemis mêmes, lorsqu'ils en seront devenus les maîtres et qu'ils l'habiteront. — Je vous disperserai parmi les nations, je tirerai l'épée après vous ; votre pays sera désert et vos villes ruinées. — Alors la terre se plaira dans les jours de son repos, pendant tout le temps qu'elle demeurera déserte.... parce que (ce repos) elle ne l'a point trouvé dans vos jours de sabbat, quand vous l'habitiez.... S'il en demeure encore quelques-uns d'entre ceux-là, ils sécheront, au milieu de leurs iniquités, dans la terre de leurs ennemis, et ils seront accablés d'afflictions à cause de leurs péchés et de ceux de leurs pères. — Jusqu'à ce qu'ils confessent leurs iniquités et celles de leurs ancêtres, par lesquelles ils ont violé mes ordonnances et ont marché contre moi.... jusqu'à ce que leur âme incirconcise rougisse de honte; ce sera alors qu'ils prieront pour leurs impiétés.... Ainsi, lors même qu'ils étaient dans une terre ennemie, je ne les ai pas néanmoins tout-à-fait rejetés, et je ne les ai point méprisés jusqu'à les laisser périr entièrement et à rendre vaine l'alliance que j'ai faite avec eux, car je suis le Seigneur leur Dieu (1). »

(1) Le Deutéronome (ch. XXVIII) répète presque les mêmes bénédictions réservées à l'observation de la loi de Dieu et les mêmes malédictions en cas de prévarication. Combien de textes qui trouvent de notre temps leur parfaite application! Nous en soulignerons quelques-uns.
« Si vous écoutez la voix du Seigneur votre Dieu, en gardant et en observant *toutes ses ordonnances* que je vous prescris aujourd'hui, *le Très-Haut vous élèvera au-dessus de toutes les nations* qui sont sur la terre. Toutes ces bénédictions se répandront sur vous et vous en serez comblés, pourvu néanmoins que vous obéissiez à ses préceptes : — Vous serez bénis dans la ville, vous serez bénis dans les champs. — Le fruit de votre ventre, le fruit de votre terre et le fruit de vos bestiaux seront bénis: vos troupeaux de bœufs et vos troupeaux de brebis seront bénis.— Vos greniers seront bénis et les fruits que vous mettrez en réserve participeront à la même bénédiction. — Au commencement et à la fin de toutes vos actions, vous serez bénis. — Le Seigneur fera que vos ennemis qui s'élèveront contre vous, tomberont devant vos yeux ; ils viendront vous attaquer par un chemin et ils s'entuiront par sept autres devant vous. — Le Seigneur répandra sa bénédiction sur vos celliers et sur toutes les œuvres de vos mains; et il vous bénira dans la terre que vous aurez reçue de lui. — Le Seigneur se suscitera et se formera en vous un peuple saint, selon qu'il vous l'a juré, pourvu que vous observiez les commandements du Seigneur votre Dieu, et que vous marchiez dans ses voies. — Tous les peuples de la terre verront que vous portez véritablement le nom de peuple de Dieu et ils vous craindront.... — Le Seigneur ouvrira le ciel, qui est son riche trésor, pour répandre sur votre terre la pluie en son temps; et il bénira toutes les œuvres de vos mains. Vous prêterez à plusieurs peuples et vous n'emprunterez de personne. — Le Seigneur vous mettra toujours à la tête des nations et non derrière elles; et vous serez toujours au-dessus et non au-dessous : pourvu néanmoins que vous écoutiez les ordonnances du Seigneur.... et que vous les gardiez et pratiquiez sans vous en détourner ni à droite ni à gauche.... »
« Mais si vous ne voulez point écouter la voix du Seigneur votre Dieu, et que vous ne gardiez et ne pratiquiez *toutes ses ordonnances et les cérémonies* que je vous prescris aujourd'hui, toutes ces malédictions fondront sur vous et vous accableront. — Vous serez maudits dans la ville, et vous serez maudits dans les champs. — Votre grenier sera maudit, et les fruits que vous aurez mis en réserve seront maudits. — Le fruit de votre ventre et le fruit de votre terre seront maudits aussi bien que vos troupeaux de bœufs et vos troupeaux de brebis. — Vous serez maudits au commencement et à la fin de toutes vos actions; le Seigneur enverra parmi vous l'indigence et la famine, et il répandra sa malédiction sur toutes vos œuvres, jusqu'à ce qu'il vous réduise en poudre, et qu'il vous extermine en peu de temps, à cause des actions pleines de malice par lesquelles vous l'aurez méconnu. — Le Seigneur vous affligera par la peste jusqu'à ce qu'il vous ait fait périr de dessus la terre où vous allez entrer pour la posséder. — Le Seigneur vous frappera et vous punira par la misère et la pauvreté, par la fièvre, par le froid, par une chaleur brûlante, par la corruption de l'air et par la nielle *(Voir Amos*, IV. 9.), et il vous poursuivra jusqu'à ce que vous périssiez entièrement. — Le ciel, qui est au-dessus de vous, sera d'airain, et la terre sur laquelle vous marchez, sera de fer. — Le Seigneur répandra sur votre terre des nuées de poussière au lieu de pluie,

Mais combien de fois les peuples chrétiens ont marché sur les traces des Juifs? Aussi que de fois Dieu,

et il fera tomber du ciel sur vous de la cendre, jusqu'à ce que vous soyez réduits en poudre. »

(V. 38 et s.) « Vous répandrez beaucoup de semences dans vos champs et vous en recueillerez peu, parce que les sauterelles mangeront tout. — Vous planterez une vigne et vous la labourerez, mais vous n'en boirez pas le vin et vous n'en recueillerez rien, parce qu'elle sera gâtée par les vers. — Vous aurez des oliviers dans toutes vos terres et vous ne pourrez en avoir d'huile pour vous en frotter, parce que tout coulera et tout périra... — La nielle consumera tous vos arbres et tous les fruits de votre terre. »

«Le Seigneur (v. 25 et s.) vous fera tomber devant vos ennemis: vous marcherez par un seul chemin contre eux et vous fuirez par sept, et vous serez dispersés dans tous les royaumes de la terre. — Votre corps, après votre mort, servira de nourriture à tous les oiseaux du ciel et à toutes les bêtes de la terre, sans que personne se mette en peine de les chasser. — Le Seigneur vous frappera d'ulcères, comme il en frappa autrefois l'Egypte ; et il frappera aussi d'une gale et d'une démangeaison incurables *partem corporis per quam stercora egeruntur.* — Le Seigneur vous frappera de frénésie, d'aveuglement et de fureur, en sorte que vous marcherez à tâtons en plein midi, comme l'aveugle a accoutumé de faire, étant tout enseveli dans les ténèbres, et que vous ne réussirez point en ce que vous aurez entrepris. Vous serez noircis en tout temps par des calomnies et opprimés par des violences sans que vous ayez personne pour vous délivrer. — Vous épouserez une femme et un autre la prendra pour lui. Vous bâtirez une maison et vous ne l'habiterez point.... — Votre bœuf sera immolé devant vous, et vous n'en mangerez point; votre âne vous sera ravi devant vos yeux, et on ne vous le rendra point. Vos brebis seront livrées à vos ennemis, et personne ne se mettra en peine de vous secourir. *Vos fils et vos filles seront livres à un peuple étranger. Vos yeux le verront et seront tout desséchés par la vue continuelle de leur misère, et vos mains se trouveront sans force pour les délivrer....* Et vous demeurerez comme interdits et hors de vous par la frayeur des choses que vous verrez de vos yeux. — Le Seigneur vous frappera d'un ulcère terrible sur les genoux et sur les jambes et d'un mal incurable depuis la plante des pieds jusqu'au sommet de la tête *Le Seigneur vous emmenera, vous et votre roi que vous aurez établi sur vous, parmi un peuple que vous aurez ignoré, vous et vos pères*, et vous adorerez là vos dieux étrangers, vos dieux de bois et de pierre; Et *vous serez dans la dernière misère et comme le jouet et la fable de tous les peuples vers lesquels le Seigneur vous aura conduits....* (v. 43 et s.). L'étranger, qui est avec vous dans votre pays, s'élèvera au-dessus de vous et deviendra plus puissant; et pour vous, vous descendrez et vous serez au-dessous de lui. — Ce sera lui qui vous prêtera de l'argent et vous ne lui en prêterez point. Il sera lui-même à la tête, et vous ne marcherez qu'après lui. »

« Toutes ces malédictions fondront sur vous et vous accableront, jusqu'à ce que vous périssiez entièrement, parce que vous n'aurez point écouté la voix du Seigneur votre Dieu, ni observé ses ordonnances et les cérémonies qu'il vous a prescrites. — *Ces malédictions, dis-je, demeureront à jamais sur vous et sur votre postérité, comme une marque étonnante de la colère de Dieu sur vous; parce que vous n'aurez point servi le Seigneur votre Dieu avec la reconnaissance et la joie du cœur que demandait cette abondance de tous biens:* Vous deviendrez l'esclave d'un ennemi que le Seigneur vous enverra; vous le servirez dans la faim, dans la soif, dans la nudité et dans le besoin de toutes choses: et il vous fera porter un joug de fer jusqu'à ce que vous en soyez écrasés. — Le Seigneur fera venir d'un pays reculé et des extrémités de la terre un peuple qui

oubliant sa miséricorde, a-t-il pris sa verge de fer pour les gouverner et les ramener dans la vraie voie? Nous n'avons qu'à consulter l'histoire et surtout la Bible :

fondra sur vous comme un aigle fond sur sa proie, *et dont vous ne pourrez entendre la langue; un peuple fier et insolent qui ne sera touché ni de respect pour les vieillards ni de pitié pour les plus petits enfants.* — Il dévorera le fruit de vos bestiaux et tous les fruits de votre terre, jusqu'à ce que vous périssiez; il ne vous laissera, ni blé, ni vin, ni huile, ni troupeaux de brebis, jusqu'à ce qu'il vous détruise entièrement. — Il vous réduira en poudre dans toutes vos villes; et vos murailles si fortes et si élevées où vous aviez mis votre confiance, tomberont dans toute l'étendue de votre terre. Vous demeurerez assiégés dans toutes les villes du pays que le Seigneur votre Dieu vous donnera: et vous mangerez le fruit de votre ventre et la chair de vos fils et de vos filles que le Seigneur vous aura donnés, tant sera grande l'extrémité de misère où vos ennemis vous auront réduits... (Voir *Lament.*, IV, 10. — Baruc, II, 23. Deut., XXVIII, 39 et s.) La femme délicate qui ne pouvait pas seulement marcher, et qui osait à peine poser un pied sur la terre, à cause de son extrême mollesse, refusera à son mari, qui dort auprès d'elle, de lui donner de la chair de son fils et de sa fille, *et illuvie secundarum, quæ egrediuntur de medio fœminum ejus, et super liberos qui eadem hora nati sunt :* car ils (le père et la mère) se cacheront pour manger leurs propres enfants, n'ayant plus de quoi se nourrir dans cette cruelle famine où pendant le siége vos ennemis vous réduiront par leur violence, dans l'enceinte de vos villes. »

« Si vous ne gardez et n'accomplissez toutes les paroles de cette loi qui sont écrites dans ce livre, et si vous ne craignez son nom glorieux et terrible, le Seigneur augmentera de plus en plus vos plaies et les plaies de vos enfants, qui seront des plaies grandes et opiniâtres, des langueurs malignes et incurables. — Il fera retomber sur vous toutes ces plaies dont il a affligé l'Egypte, et elles s'attacheront inséparablement à vous. — Le Seigneur fera fondre encore sur vous toutes les langueurs et les plaies qui ne sont point écrites dans le livre de cette loi, jusqu'à ce qu'il vous réduise en poudre; et vous demeurerez un très-petit nombre d'hommes, vous qui vous étiez multipliés auparavant comme les étoiles du ciel, parce que vous n'aurez point écouté la voix du Seigneur votre Dieu. Et comme le Seigneur avait pris plaisir auparavant à vous combler de biens et à vous multiplier de plus en plus, ainsi il prendra plaisir à vous perdre, à vous détruire et à vous exterminer de la terre où vous allez entrer pour la posséder. — Le Seigneur vous dispersera parmi tous les peuples; étant même parmi ces peuples, vous ne trouverez aucun repos, et vous n'aurez pas seulement où poser en paix la plante de votre pied; car le Seigneur vous donnera un cœur toujours agité de crainte, des yeux languissants et une âme tout abîmée dans la douleur : votre vie sera comme en suspens devant vous. Vous tremblerez nuit et jour et vous ne croirez pas à votre vie. — Vous direz le matin : Qui me donnera de voir le soir? Et le soir : Qui me donnera de voir le matin? tant votre cœur sera saisi d'épouvante, et tant la vue des choses qui se passeront devant vos yeux vous effraiera! »

(Deutér. XXXI...) « Lors donc que tout ce que je viens vous dire vous sera arrivé, et que les bénédictions ou les malédictions que je viens de vous exposer seront venues sur vous, et qu'étant touchés de repentir au fond du cœur, parmi les nations dans lesquelles le Seigneur votre Dieu vous aura dispersés, vous reviendrez à lui avec vos enfants, et que vous obéirez à ses commandements, de tout votre cœur et de toute votre âme, selon que je vous l'ordonne aujourd'hui, le Seigneur votre Dieu vous fera revenir de votre captivité, il aura pitié de vous et il vous rassemblera encore ..., il vous reprendra à lui..., et vous bénissant,

(Jér., V, II, 12...) : « Allez dans toutes les rues de Jérusalem, voyez et considérez, cherchez dans toutes les places si vous trouverez un seul homme qui agisse selon la justice et qui cherche la vérité; et je pardonnerai à toute la ville. — Que s'il y a quelqu'un qui jure par moi, en disant: vive le Seigneur ! Ils se serviront faussement de ce serment même. — Vos yeux, Seigneur, regardent la vérité : vous les avez frappés, et ils ne l'ont point senti; vous les avez brisés de coups, et ils n'ont point voulu se soumettre au châtiment ; ils ont rendu leur front plus dur que la pierre, et ils n'ont point voulu revenir. — Pour moi, je disais : il n'y a peut-être que les pauvres qui sont sans sagesse...... J'irai donc trouver les princes du peuple et je leur parlerai, car ce sont ceux-là qui connaissent la voix du Seigneur et les ordonnances de leur Dieu. Mais j'ai trouvé que ceux-là ont conspiré tous ensemble, avec encore plus de hardiesse, à briser le joug du Seigneur et à rompre ses liens... Et leur perfidie est montée à son comble... Ils ont renoncé le Seigneur, et ils ont dit : le Seigneur n'est point Dieu; il ne nous arrivera aucun mal; nous ne verrons ni la guerre ni la famine. Les Prophètes ont prophétisé en l'air, et Dieu n'a point parlé par leur bouche. »

« Voici donc ce qui leur arrivera, dit le Seigneur le Dieu des Armées : Parce que vous avez parlé de cette sorte, je ferai que mes paroles deviendront du feu dans votre bouche, que ce peuple sera comme du bois et que ce feu les dévorera... Vos iniquités ont détourné mes grâces, et vos péchés se sont opposés au bien que j'étais prêt à vous faire, parce qu'il s'est trouvé parmi

il vous fera croître en plus grand nombre que n'auront été vos pères. — Le Seigneur votre Dieu circoncira votre cœur et le cœur de vos enfants, afin que vous aimiez le Seigneur votre Dieu de tout votre cœur et de toute votre âme et que vous puissiez vivre. — Il fera retomber toutes vos malédictions sur vos ennemis, sur ceux qui vous haïssent et vous persécutent... pourvu néanmoins que vous écoutiez la voix du Seigneur, que vous observiez ses préceptes et les cérémonies qui sont écrites dans la loi que je vous propose, et que vous retourniez à Dieu de tout votre cœur et de toute votre âme. — Ce commandement que je vous prescris aujourd'hui, n'est ni au-dessus de vous, ni loin de vous... Il ne réclame que votre bouche et votre cœur pour l'accomplir... Je prends aujourd'hui à témoin le ciel et la terre, que je vous ai proposé la vie et la mort, la bénédiction et la malédiction. Choisissez donc la vie, afin que vous viviez vous et vos enfants. »

mon peuple des impies qui dressent des piéges comme on en dresse aux oiseaux, et qui tendent des filets pour surprendre les hommes. Leurs maisons sont pleines des fruits de leurs tromperies, comme un trébuchet est plein des oiseaux qu'on y a pris ; c'est ainsi qu'ils deviennent grands et qu'ils s'enrichissent. — Ils sont gras, ils sont vigoureux, et en même temps ils violent ma loi par les actions les plus criminelles. Ils n'entreprennent point la défense de la veuve, ils ne soutiennent point le droit du pupille, et ils ne font point justice aux pauvres. — Ne punirai-je point ces excès, dit le Seigneur, et ne me vengerai-je point d'une nation aussi criminelle ? — Il s'est fait sur la terre des choses étranges et qu'on ne veut écouter qu'avec le dernier étonnement. Les prophètes débitaient des mensonges comme des prophéties, les prêtres leur applaudissaient et mon peuple y trouvait plaisir. Quelle sera donc enfin la punition que je lui réserve? »

Le secret de la Salette annonce encore qu'une verge de fer domptera les nations coupables. L'Écriture nous dit aussi :

(Ps. 88, 30) : « Que si les enfants de David abandonnent ma loi, s'ils ne suivent point mes préceptes, s'ils profanent ma justice et s'ils ne gardent point mes commandements, je visiterai avec la verge leurs iniquités et par des plaies différentes je punirai leurs péchés. »

(Ps., II, 7) : Le Seigneur a dit : « Vous êtes mon fils ; je vous ai engendré aujourd'hui. Demandez-moi, et je vous donnerai les nations pour votre héritage... Vous les gouvernerez avec une verge de fer et les briserez comme le vase du potier. »

(Apoc., XII, 4, 5) : « Le dragon s'arrêta devant la femme qui devait enfanter, afin de dévorer son fils aussitôt qu'elle en serait délivrée. Elle enfanta un enfant mâle, qui devait gouverner toutes les nations avec une verge de fer ; et son fils fut enlevé vers Dieu et vers son trône. »

Quant aux *dix rois* de l'Antechrist dont il est parlé dans ce 11e alinéa et *qui n'ont tous qu'un même dessein*, voici ce qu'en dit l'Apocalypse (C., XVII, 12) : « Les dix cornes que vous avez vues, sont *dix rois* à qui le royaume n'a pas encore été donné ; mais ils recevront comme rois la puissance pour une heure après la bête. — *Ils ont tous le même dessein*, et ils donneront à la bête leur force et leur puissance. — Ils combattront contre l'agneau; et l'agneau les vaincra, parce qu'il est le Seigneur des seigneurs et le Roi des rois ; ceux qui sont avec lui, sont les appelés, les élus et les fidèles. »

CHAPITRE IV.

III. *Que le Vicaire de mon Fils, le Souverain Pontife Pie IX, ne sorte plus de Rome après l'année 1859 ; mais qu'il soit ferme et généreux, qu'il combatte avec les armes de la foi et de l'amour, je serai avec lui. Qu'il se méfie de Napoléon : son cœur est double, et quand il voudra être à la fois Pape et Empereur, bientôt Dieu se retirera de lui ; il est cet aigle qui, voulant toujours s'élever, tombera sur l'épée dont il voulait se servir pour obliger les peuples à se faire élever.*

Nous pourrions, sur les Juliens-Apostats qui nuisent plus que les Nérons au Christianisme, citer le traité de Lactance contre les persécuteurs de l'Eglise. Mais si les leçons des temps anciens ne suffisent pas pour retenir aujourd'hui les princes impies qui favorisent le mal et trahissent les intérêts de la Religion, nous leur dirons de considérer un peu Napoléon Ier, Louis-Philippe, Napoléon III, Othon, Christine, Isabelle, Amédée, et tant d'autres qui ont fini si tristement ou qui vivent chassés de leur royaume et dépouillés de tout honneur. Cependant l'Ecriture-Sainte est remplie d'avertissements et de menaces contre les rois qui font la guerre à Dieu, qui règnent de par eux, mais que Dieu n'a point établis et qu'il méconnaît (Osée, VIII, 4).

Quant aux rois selon le cœur de Dieu, qu'ils ne craignent rien ; car ceux qui demeurent fermes sous l'assistance du Très-Haut, se reposeront sûrement sous la protection du Dieu du Ciel (Ps. XC, 1). Toutefois les successeurs de Pierre ont encore moins à craindre, car Jésus-Christ a promis à son Eglise que les puissances de l'enfer ne prévaudraient point contre elle (Matth., XIV, 18), et qu'il serait avec eux jusqu'à la consommation des temps (Matth., XXVII, 20). Pour Pie IX, on voit bien que les promesses de Jésus-Christ et celles de Notre-Dame de la Salette : *Je serai avec lui*, se sont accomplies en sa personne sacrée ! Aussi pouvons-nous lui appliquer tout particulièrement ces paroles de David : « Parce qu'il a espéré en moi, dit Dieu, je le délivrerai ; je serai son protecteur, parce qu'il a connu mon nom ; il criera vers moi et je l'exaucerai ; je suis avec lui dans le temps de l'affliction ; je le sauverai et je le comblerai de gloire, je le comblerai de jours, et je lui ferai voir le salut que je lui destine (Ps. XC, 13). » — Le *Journal de Florence* citait dernièrement ces paroles du Souverain Pontife : « Les hommes de la secte révolutionnaire voudraient chasser le Pape de Rome ; grâces à Dieu, les prières du monde catholique empêcheront ce malheur d'arriver. Le Seigneur a fait de Rome le Siége de son Vicaire, et il ne permettra pas qu'on change ainsi les destinées de cette ville. L'ancienne Rome, la Rome des empereurs, est bien tombée et il n'en reste plus que quelques colonnes ou quelques statues qu'on découvre çà et là dans des fouilles. Mais croyez bien qu'il ne sera pas possible de faire crouler la Rome actuelle, la Rome chrétienne. »

Mgr Régnier, archevêque de Cambrai, avait donc bien raison de dire, dans son allocution à son synode diocésain du 5 sept. 1873 : « Durant cette longue série d'abus odieux du pouvoir et de la force, de trahisons et d'hypocrisies, qui se déroule sous nos yeux depuis douze ans, Pie IX a rempli avec une prudence et une fermeté vraiment apostoliques ses devoirs de pasteur suprême et de gardien des droits de l'Eglise. Sa conduite est admirablement justifiée par les évènements, et désormais aucun catholique, aucun observateur sérieux, n'en peut méconnaître la profonde sagesse. »

Voyons à présent ce que dit la Bible aux mauvais princes : « (Ps. II, 2) : Les rois de la terre se sont assemblés et les princes se sont unis contre le Seigneur et contre son Christ. — Rompons, ont-ils dit, leurs liens et rejetons leur joug loin de nous. — Celui qui réside dans les cieux se rira d'eux, et le Seigneur s'en moquera. — Il leur parlera alors dans sa colère et les remplira de trouble dans sa fureur.—(Daniel, XI, 36) : Ce roi agira selon ses caprices ; il s'élèvera et il portera le faste de son orgueil contre tout dieu ; il parlera insolemment contre le Dieu des dieux ; il réussira jusqu'à ce que la colère soit accomplie, parce qu'il a été ainsi arrêté. — Il n'aura aucun égard au Dieu de ses pères; il sera dans la passion des femmes; il ne se souciera de quelque Dieu que ce soit, parce qu'il s'élèvera contre toutes choses.— (IV Reg., XIX, 27) : J'ai prévu ta demeure, ton entrée et ta sortie, le chemin par où tu es venu, et la fureur avec laquelle tu t'es élevé contre moi. — Tu t'es emporté contre moi et ton orgueil est monté jusqu'à mes oreilles : je te mettrai donc un cercle au nez et un mors à la bouche, et je te ferai retourner par le même chemin par lequel tu es venu. »

La souveraineté vient de Dieu, et Dieu ne la donne pas contre lui-même. Aussi Samuel vient annoncer à Saül que Dieu l'a rejeté parce qu'il a violé son commandement (1, Rois, XIII, 13) : « Vous avez agi follement et vous n'avez point gardé l'ordre que vous avez reçu du Seigneur votre Dieu. Si vous n'aviez point fait cette faute, le Seigneur aurait maintenant affermi pour jamais votre règne sur Israél. Mais votre règne ne subsistera point à l'avenir.»—Saül avait offert un holocauste au Seigneur; il avait rempli un ministère qui ne le regardait point, et Dieu le livre aux Philistins ainsi que son royaume.—Jéroboam commet un péché bien plus grand ; il pervertit son peuple et lui fait adorer des veaux d'or ; et le Seigneur lui fait dire par son prophète Abias (3, Rois, XIV, 7) : « Je vous ai élevé du milieu des Israélites, et je vous ai établi chef de mon peuple... Mais vous avez commis plus de mal que tous ceux qui ont été avant vous; vous vous êtes fait des dieux étrangers, et vous m'avez rejeté derrière vous; c'est pourquoi j'accablerai de maux la maison de Jéroboam ; et je ferai mourir jusqu'aux animaux de sa maison, jusqu'à celui que l'on conservait précieusement, et jusqu'au dernier de sa famille qui se trouvera dans Israël ; et je nettoierai tous les restes de la maison de Jéroboam, comme on a coutume de nettoyer le fumier jusqu'à ce qu'il n'en reste plus... Ainsi le Seigneur livrera en proie Israël à cause des péchés de Jéroboam, qui a péché et qui a fait pécher Israël. »

Ozias, après s'être affermi sur le trône, se livre à l'orgueil (2 Paral., XXVI) : « Etant entré dans le temple du Seigneur, il voulut y offrir de l'encens sur l'autel des parfums. — Le pontife Azarias y entra aussitôt après lui, accompagné de quatre-vingts prêtres du Seigneur, tous hommes d'une grande fermeté. — Ils s'opposèrent au roi, et lui dirent : Il ne vous appartient pas, Ozias, d'offrir de l'encens devant le Seigneur ; mais c'est aux prêtres, c'est-à-dire aux enfants d'Aaron, qui ont été consacrés pour ce ministère ; sortez du sanctuaire et ne méprisez point cet ordre établi, parce que cette action ne vous sera pas imputée à gloire par le Seigneur Dieu.— Ozias, transporté de colère et tenant l'encensoir à la main pour offrir de l'encens, menaça les prêtres. Et aussitôt il fut frappé de lèpre, et elle s'éleva sur son front en présence des prêtres..., et ils le chassèrent promptement. Lui-même, saisi de frayeur, se hâta de sortir, parce qu'il sentit tout d'un coup la plaie du Seigneur..., et jusqu'au jour de sa mort il demeura dans une maison séparée, à cause de cette lèpre dont il était couvert (1). »

(1) Sur les sacriléges des choses saintes, sur les violations de la loi de Dieu, sur l'aveuglement des princes qui croient s'agrandir en opprimant l'Eglise et en usurpant les droits réservés au sacerdoce, nous pourrions multiplier nos citations. Dieu punit toujours les persécuteurs de ses saints et les profanateurs de son culte. Il punit Osa qui porte une main téméraire sur l'arche qui chancelle (2 Rois, VI, 6 ; Par. XIII, 9) ; et il frappe les Bethsamites qui la regardent sans respect (1, Rois, VI, 19). Un feu vengeur dévore Nadab et Abiu, fils d'Aaron, qui se sont servis à l'autel d'un feu étranger (Lév., X, 1). Les enfants d'Héli (1, Rois, II, 12, IV, 10), Nabuchodonosor et Balthazar (Daniel IV, 21, V, 2), Lysimaque, Andronic, Ménélas, Antiochus, Nicanor, Héliodore, (2 Macch. 11, 32, 38, 39, XIII, 4 ; 1, Mac. 1, 23 ; VII, 34 ; 2, Mac III, 23), montrent combien Dieu a en horreur ceux qui profanent les objets de son culte, mais pour ceux qui se révoltent contre sa loi, qui outragent ses sacrements et qui usurpent sur ses droits, la vengeance divine est bien plus terrible encore. Les persécuteurs de l'Eglise et les contempteurs de la religion, les rois qui trahissent le vicaire de Jésus-Christ, ont donné lieu à ce proverbe : *celui qui mange du Pape, en meurt*. Dans l'histoire sainte, nous voyons encore que Roboam abandonne la loi du Seigneur et tout Israël avec lui ; aussitôt le Seigneur, à cause de ce péché, fait ravager par Sésac le royaume de Juda. (2, Paral. XII, 1). Un roi qui ne suit pas les conseils de la sagesse divine perd avec lui le royaume qui lui a été confié. Dieu ne laisse jamais impunis les grands sacriléges des peuples et de leurs chefs. (Lév. XV, 31 ; Nomb. XIX, 20). Mais ce sont les sacriléges des prêtres de l'ancienne Loi et surtout de la nouvelle, qui excitent le plus la colère du Seigneur (2 Paral. XXXVI, 14 ; Ezech. XXII, 26, XXIII, 38, 47 ; Sophon. III, 14).

Nous pourrions citer d'autres exemples, mais qu'il nous suffise d'ajouter que toute la puissance des rois n'est rien, s'ils n'ont Dieu pour eux. Malheur donc à eux s'ils se laissent aveugler et surtout s'ils font des lois impies (Isa., VIII, 5, 19; X, 1, 2); Dieu les confondra dans leurs projets (Jérém., XLVI), et, comme le roi de Babylone, il les précipitera en enfer (Isa., XIV, 4, 9). La conduite d'Elie, d'Elisée.. nous dit qu'on ne doit point fléchir devant les vices ni devant la méchanceté des rois (3, Lib. Reg., XVIII, 18; id., III, 14). « Et maintenant, ô rois, ayez de l'intelligence; instruisez-vous, vous qui jugez la terre; servez dans la crainte le Seigneur, et réjouissez-vous en lui avec tremblement. Embrassez étroitement sa discipline, de peur que le Seigneur ne s'irrite et que vous ne périssiez hors de la voie de la justice (Ps. II, 10). Attendez le Seigneur, et ayez soin de garder sa voie; et il vous élèvera, afin que vous receviez la terre en héritage. Quand les pécheurs auront péri, c'est alors que vous verrez. J'ai vu (dit Dieu) l'impie glorifié; il égalait en hauteur les cèdres du Liban; j'ai passé et il n'était déjà plus; je l'ai cherché, mais l'on n'a pu trouver le lieu où il était (Ps., XXVI, 34).»

CHAPITRE V.

IV. *L'Italie sera punie de son ambition en voulant secouer le joug du Seigneur des Seigneurs, aussi elle sera livrée à la guerre, le sang coulera de tous côtés; les Eglises seront fermées ou profanées; les prêtres, les religieux, seront chassés, on les fera mourir et mourir d'une mort cruelle; plusieurs abandonneront la foi, et le nombre de prêtres et de religieux qui se sépareront de la vraie religion sera grand; parmi ces personnes, il se trouvera même plusieurs Evêques. Que le Pape se tienne en garde contre les faiseurs de miracles, car le temps est venu que les prodiges les plus étonnants auront lieu sur la terre et dans les airs. En l'année 1864, Lucifer avec un grand nombre de démons, seront détachés de l'enfer; ils aboliront la foi peu à peu, même dans les personnes consacrées à Dieu ; ils les aveugleront d'une telle manière, qu'à moins d'une grâce toute particulière, ces personnes prendront l'esprit de ces mauvais anges ; plusieurs maisons religieuses perdront entièrement la foi et perdront beaucoup de personnes ; les mauvais livres abonderont sur la terre, et les esprits de ténèbres répandront sur la terre un relâchement universel pour tout ce qui regarde le service de Dieu ; ils auront (par punition de Dieu pour les crimes des hommes) un très-grand pouvoir sur la nature ; il y aura des églises pour servir ces esprits ; des personnes seront transportées d'un lieu à un autre par ces esprits mauvais, et même des prêtres, parce qu'ils ne se seront pas conduits par le bon esprit de l'Evangile, qui est un esprit d'humilité, de charité et de zèle pour la gloire de Dieu. On fera ressusciter des morts et des justes (c'est-à-dire que ces morts prendront la figure des âmes justes qui avaient vécu sur la terre, afin de mieux séduire les hommes ; ces soi-disant morts ressuscités, qui ne seront autre chose que le démon sous ces figures, prêcheront un autre Evangile contraire à celui du vrai Christ Jésus, niant l'existence du ciel), soit encore les âmes des damnés ; toutes ces âmes paraîtront comme unies à leurs corps ; il y aura en tous lieux des prodiges extraordinaires, parce que la vraie foi s'est éteinte et que la fausse lumière éclaire le monde, etc., etc.*

Il est de foi que jusqu'à la fin des temps les puissances de l'enfer ne prévaudront pas contre l'Eglise. Ainsi, dans l'avenir comme dans le passé, quoique toujours persécutée par les tyrans et les impies, elle continuera de sauver le genre humain. L'Evangile est notre soleil moral ; il peut bien être obscurci par des nuages, éclipsé même momentanément, mais, pas plus que le soleil qui vivifie la nature, il ne saurait disparaître sans faire disparaître avec lui le monde social. Aussi, depuis saint Pierre jusqu'à Pie IX, l'Eglise, toujours immaculée, a accompli ses glorieuses destinées malgré les terribles épreuves du passé et celles qu'elle subit de nos jours. En vain les gouvernements l'ont livrée à ses bourreaux; en vain les Etats se sont séparés d'elle, en vain les rois, les institutions et les peuples sont devenus athées ou indifférents; en vain les sociétés secrètes et le *libéralisme* s'efforcent de démoraliser le clergé et de pervertir la jeunesse par un enseignement païen et athée, la religion est encore répandue dans tout l'univers; ses fidèles enfants ne l'ont pas abandonnée; ils réparent et expient autant qu'ils le peuvent ces sacriléges inouïs; ils soutiennent le Souverain-Pontife par leurs prières et l'Eglise par leurs aumônes. Enfin, mille évêques entourent le Pape de leur vénération et persévèrent dans leur soumission au Saint-Siége.

Cependant le flambeau de la vérité peut disparaître d'un pays pour aller éclairer d'autres contrées. L'histoire le montre assez, mais elle prouve aussi que les persécutions ne font qu'agrandir le royaume de Dieu. D'ailleurs, l'extinction de la foi chez un peuple n'est jamais entière. L'Eglise sur la terre est militante; elle sait réparer ses pertes et sans cesse conquérir des âmes à Dieu. L'abbé Duvoisin, mort évêque de Nantes, pensait ainsi lorsqu'en 1795 il écrivait ces lignes: « Le sang des martyrs a coulé, et cette semence féconde ne sera pas perdue. Le culte de la Religion catholique a été aboli dans toute l'étendue de la France. Les pontifes et les prêtres ont été massacrés, emprisonnés, bannis ou transportés sur des rivages barbares, ses autels renversés, ses temples démolis ou indignement profanés. Les faux pasteurs à qui le parjure les avait livrés ont renversé de leurs propres mains cette Eglise adultère qui trompait les peuples par sa ressemblance extérieure avec l'Eglise légitime; mais, au milieu de tant de violences et de scandales, la Religion n'a pas péri... Un jour viendra que cette même Religion triomphera de ses persécuteurs et qu'elle brillera d'un nouvel éclat.» «Sept ans plus tard, ajoute Mgr Régnier, citant à son synode cette pensée du vénérable confesseur de la foi, sept ans plus tard, ces paroles prophétiques avaient leur accomplissement en France. Ainsi en sera-t-il, dans un avenir que Dieu connaît et qu'il prépare, de l'Italie, de la Suisse, de l'Espagne et de la Prusse, où l'on copie la *Consti-*

tution civile de 1791 et où de nobles et saintes résistances amèneront peut-être, après les bannissements et les prisons, les crimes sanglants de 93. »

L'Italie est menacée de grands châtiments : — La même prédiction s'adresse aux autres pays qui persécutent l'Église et outragent la religion. L'Ecriture-Sainte s'exprime ainsi : « Le péché rend les peuples misérables (Ps. XIV, 34). » « Le monde est dans la joie quand les justes se multiplient, mais le peuple gémit quand les méchants usurpent le commandement (Ps. XXIX, 28). Les hommes corrompus détruisent les cités. » Aussi que de villes, que de royaumes ont disparu !

Jérusalem n'est plus ! les Juifs sont dispersés sur tout le globe ! mais Jérusalem a tué ses prêtres et ses prophètes.... Les Juifs ont crucifié Jésus-Christ, persécuté ses apôtres et ses disciples... « Les méchants ont en abomination ceux qui marchent dans la droite voie (Ps. XXIX, 27).» Aussi sommes-nous arrivés à ce temps que déplore le roi prophète. « (Ps. LXXVIII) : O Dieu, les nations sont entrées dans votre héritage ; elles ont souillé votre saint temple ; elles ont exposé les corps morts de vos serviteurs pour servir de nourriture aux oiseaux du ciel, et les chairs de vos saints pour être la proie des bêtes de la terre. Elles ont répandu leur sang comme l'eau autour de Jérusalem, et il n'y avait personne qui leur donnât la sépulture... Nos prêtres sont tombés sous le fer.» (Ps. 4, XXVII, 70) : «Nous sommes devenus un sujet d'opprobre à nos voisins. Jusqu'à quand, Seigneur, vous mettrez-vous en colère?... Jusqu'à quand votre fureur s'allumera-t-elle comme un feu ? — Répandez abondamment votre colère sur les nations qui ne vous connaissent pas et sur les royaumes qui n'invoquent point votre nom, parce qu'ils ont dévoré Jacob et rempli de désolation le lieu de sa demeure... Délivrez-nous, Seigneur, pour la gloire de votre nom..... de peur qu'on ne dise parmi les peuples : Où est maintenant leur Dieu ? Faites éclater contre les nations devant nos yeux (en faveur de votre Eglise) la vengeance du sang de vos serviteurs qui a été répandu ; que les gémissements de ceux qui sont captifs s'élèvent jusqu'à vous ! Possédez et conservez par la force toute-puissante de votre bras, les enfants de ceux qu'on a fait mourir, et rendez dans le sein de nos voisins sept fois autant qu'ils nous ont donné à souffrir! Faites retomber sur eux sept fois plus d'opprobres qu'ils ne vous en ont fait, Seigneur, car, pour nous qui sommes votre peuple et les brebis que vous nourrissez, nous vous louerons éternellement. »

Dans la tourmente que suscitera l'enfer, on verra des prêtres et quelques Evêques qui apostasieront:— Voici ce que leur dit l'Ecriture : (Jérém. XXXIV, 17) : « Vous ne m'avez point écouté, pour donner la liberté chacun à son frère et à son ami ; c'est pourquoi je vous déclare, dit le Seigneur, que je vous livre, comme n'étant plus à moi, à l'épée, à la famine et à la peste, et que je vous rendrai errants et vagabonds par tous les royaumes de la terre ; je livrerai les hommes qui ont violé mon alliance, qui n'ont point observé les paroles de l'accord qu'ils avaient fait en ma présence... Les princes de Juda, les princes de Jérusalem, les eunuques, les prêtres..., je les livrerai, dis-je, entre les mains de leurs ennemis, entre les mains de ceux qui cherchent à leur ôter la vie. »

Les reproches que fait la Sainte-Vierge à nos prêtres prévaricateurs sont-ils comparables à ceux qu'Ezéchiel (XXII, 25) adressait aux ministres de l'ancienne loi? Cependant Dieu n'en exigeait pas une aussi grande perfection. « Les prophètes ont conjuré ensemble au milieu de Jérusalem ; ils ont dévoré les âmes, comme un lion qui rugit et qui ravit sa proie ; ils ont reçu de grands biens et des récompenses ; ils ont multiplié les veuves au milieu d'elle. Les prêtres ont méprisé ma loi ; ils ont violé mon sanctuaire ; ils n'ont point fait de discernement entre les choses saintes et les profanes ; ils n'ont point voulu comprendre la différence de ce qui est pur d'avec ce qui est impur ; ils ont détourné leurs yeux de mes sabbats, et j'étais indignement déshonoré au milieu d'eux. Ses princes étaient au milieu d'elle, comme des loups toujours attentifs à ravir leur proie, à répandre le sang, à perdre les âmes et à courir après le gain, pour satisfaire leur avarice. Les prophètes mettaient l'enduit sur la muraille, sans y rien mêler qui la rendît ferme ; ils avaient de vaines visions, et ils prophétisaient le mensonge en disant : Voici ce que dit le Seigneur Dieu, quoique le Seigneur n'eût point parlé. Ceux du peuple s'armaient aussi de l'injustice et de l'oppression ; ils ravissaient le bien d'autrui par violence, ils affligeaient le faible et le pauvre, et ils opprimaient les étrangers par des calomnies sans aucune forme de justice. Et j'ai cherché un homme parmi eux qui se présentât comme une haie et qui s'opposât à moi pour la défense de cette terre, afin que je ne la détruisisse point, et je n'en ai point trouvé. C'est pourquoi j'ai répandu mon indignation sur eux, je les ai consumés dans le feu de ma colère, et j'ai fait retomber leurs crimes sur leur tête, dit le Seigneur Dieu. »

Nous devons nous tenir en garde contre les faux miracles : — Qui ne sait que les démons et même de faux christs et de faux prophètes feront de grands prodiges et des choses étonnantes jusqu'à séduire, s'il était possible, les élus mêmes (Matth. XXIV, 24) ? Alors, pour rester dans la foi et ne pas dévier de la bonne voie, il faudra, plus que jamais, suivre les enseignements du Souverain-Pontife, seul représentant infaillible de Jésus-Christ. Saint Paul nous dit d'avance de ne pas nous étonner si des ouvriers trompeurs se transforment en apôtres de Jésus-Christ, puisque Satan même se transforme en ange de lumière (2. Corint. XI, 13). Il n'est donc pas étrange que ses ministres aussi se transforment en ministres de la justice ; mais leur fin sera conforme à leurs œuvres. »

Notre Sauveur annonce aussi des temps de ténèbres et de désolation (Matth. XXIV, 5) où beaucoup viendront en son nom disant : « Je suis le Christ ; et ils en séduiront plusieurs. Vous entendrez aussi parler de guerre et de bruits de guerre : gardez-vous bien de vous troubler, car il faut que ces choses arrivent. Mais ce ne sera pas encore la fin. Car il se lèvera peuple contre peuple, royaume contre royaume, et il y aura des pestes, des famines et des tremblements de terre en divers lieux. Et tout cela ne sera que le commencement des douleurs. Alors on vous livrera aux tourments, on vous fera mourir ; et vous serez haïs de toutes les nations à cause de mon nom. Ce sera alors pour plusieurs un temps de scandale, et l'on se trahira et se haïra mutuellement. Il s'élèvera aussi plusieurs faux prophètes qui séduiront beaucoup de personnes. Et parce que l'iniquité sera venue à son comble, la *charité de plusieurs se refroidira*... Quand donc vous verrez dans le lieu saint l'abomination de la désolation qui a été prédite par le prophète Daniel, que celui qui lit entende... car l'affliction de ce temps-là sera si grande qu'il n'y en a point eu de pareille depuis le commencement du monde jusqu'à présent, et qu'il n'y en aura jamais. Et si ces jours n'avaient été abrégés, nul homme n'aurait été sauvé ; mais ils seront abrégés à cause des élus. »

La vérité nous fait défaut, parce que la charité s'est refroidie sur terre; aussi la fausse doctrine l'a emporté, et nous avons nié les vrais miracles pour croire aux prestiges diaboliques. Aussi Dieu nous traite comme il traita les Egyptiens (Ps. 2, XXVII, 55), alors qu'il leur fit sentir les effets de sa colère et de son indignation, qu'il les accabla par le poids de sa fureur et les affligea par les différents fléaux qu'il leur envoya par le ministère de mauvais anges, » « car il y a des esprits qui ont été créés pour la vengeance, et par leur fureur ils augmentent les supplices des méchants. (Ecclés. XXXIX, 33).

Les esprits de ténèbres répandront sur la terre un relâchement universel : — Le rationalisme, le naturalisme et la libre-pensée sont les traits qui caractérisent notre époque. « L'épidémie du monde, dit le Père Faber, a fait irruption même dans l'Eglise ; l'air est vicié, et les âmes des fidèles reçoivent quelque atteinte de la contagion qui sévit au dehors. Nous sommes tous, plus que nous le croyons, sous l'influence des erreurs qui prévalent autour de nous. On observe, en effet, en matière de religion, ce qui se passe en temps d'épidémie, où ceux qui n'ont pas contracté la maladie régnante ressentent cependant du malaise et de la langueur. Les bons catholiques entendent les conversations qui se tiennent autour d'eux, lisent des livres, *se familiarisent avec certains principes de conduite à la mode*, et nécessairement cela laisse des traces funestes dans leur esprit et dans leur cœur. » « Ce sont là les raisons qui nous expliquent comment la foi au surnaturel a si grandement diminué parmi nous. Le clergé lui-même a été, malgré toutes ses vertus, plus ou moins infecté de cette contagion du dehors (*Man. de l'archic. répa.* par l'abbé Marche, p. 19).» Est-il étonnant dès lors que *les démons abolissent peu à peu la foi, même dans les personnes consacrées à Dieu,* et qu'il y en ait qui prêchent un autre Evangile que celui de Jésus-Christ ?

Avons-nous besoin de prouver qu'à notre époque les mauvais livres et les mauvais journaux abondent plus que jamais ? Nous ne sommes pas les premiers à déplorer ce fléau ! En 1817, une âme privilégiée disait : « Le torrent que les impies ont fait pleuvoir, ce sont les mauvais livres qui déjà circulent sourdement de mille et mille manières, mais qui bientôt inonderont la France avec une abondance si grande, que tout en sera submergé. Ce monstre (de la liberté de la presse) sera si affreux, qu'il n'y en a jamais eu de semblable depuis le commencement du monde. Son souffle empoisonné et fumeux répandra une telle odeur infecte, qu'on en serait renversé, sans une protection spéciale (*Ame répa.*, p. 18). Mgr Gaume nous dit aussi : (*Credo*, p. 2) : « Avec une activité sans exemple, la parole, les arts et la presse propagent toutes les erreurs. Ces prodigieux moyens de communications, inconnus des siècles antérieurs au nôtre, semblent n'avoir été inventés que pour leur servir de véhicules plus variés et plus rapides. Chaque soir, mille chars de feu partent de Paris, de Londres, de Vienne, de Berlin, des grandes et même des petites capitales, emportant des cargaisons de doctrines empoisonnées qu'ils déposent dans tous les lieux où ils passent. »

Un autre fléau se joint au précédent, celui de la déplorable éducation et de la mauvaise instruction que reçoit la jeunesse, depuis plus ou moins d'années, dans tous les établissements anti-catholiques de notre Europe autrefois si chrétienne. Mgr Gaume s'est élevé avec force contre l'enseignement payen dont on infecte même l'enfance. Et Mgr de Ségur (*La liberté*, p. 89) nous dit : « Que d'enfants perdus par le fait de leurs parents !... Les pères et les mères abusent d'une manière très-grave de leur autorité, lorsqu'ils confient l'éducation et l'enseignement de leurs enfants à des maîtres, à des maîtresses sans religion, plus indignes encore qu'incapables d'élever ces enfants comme Dieu et l'Eglise veulent qu'ils soient élevés. C'est un abus flagrant de l'autorité paternelle que de mettre un enfant en pension dans ce lycée, dans ce collége, dans cette école, où sa pauvre petite âme fera infailliblement naufrage. On ne doit pas compter sur des miracles de préservation, et l'on est responsable devant Dieu des chutes dont on a posé soi-même la cause. Cet abus d'autorité est malheureusement ce qu'il y a de plus commun aujourd'hui, la plupart des maisons d'éducation dirigées par des laïques étant des écoles d'immoralité, de libres-penseurs et de révolutionnaires en herbe. »

CHAPITRE VI.

V. *Le Vicaire de mon divin Fils aura beaucoup à souffrir, parce que pour un temps l'Eglise sera livrée à de grandes persécutions: ce sera le temps des ténèbres; l'Eglise aura une crise affreuse, etc.*

Notre-Dame de la Salette prédit, dès 1846, à son Pontife de grandes tribulations, et à l'Eglise une terrible persécution. Mais tout cela n'aura qu'un temps, et plus l'épreuve aura été redoutable, plus le triomphe sera glorieux. Marie récompensera magnifiquement le Représentant de son Fils qui l'a proclamée Immaculée dans sa conception. N'en doutons pas : elle tarira ses larmes et le comblera de joie... Cependant un chrétien peut-il renoncer au bonheur de souffrir lorsque son Dieu lui en a donné l'exemple? Jésus-Christ lui-même a dit à un de ses serviteurs : « J'ai des croix qui sont d'un si grand prix, que c'est tout ce que ma Sainte Mère, toute-puissante qu'elle est, peut obtenir de plus grand, près de moi, pour ses fidèles amis. »

« Les pauvres, les abjects, les humiliés, dit Ste-Angèle de Foligno, ce sont les favoris de Jésus-Christ, qui ont l'honneur d'être assis à sa table, de manger des mêmes mets que le Père éternel avait apprêtés à son Fils ; car Jésus-Christ n'a été nourri que d'opprobres et de pauvreté. » Si nous regardons bien, nous verrons que le Seigneur, lorsqu'il veut le plus glorifier son Eglise et ses ministres, les fait passer d'abord par le creuset des souffrances, afin d'accroître leur mérite et de purifier même leur pureté. Enfin, dit le pieux Boudon, « les plus grands desseins de Dieu ne s'accomplissent que par les croix.

Le Seigneur dit à Pierre, et par conséquent à ses successeurs (Luc. XXII, 31) : « Simon, Simon, Satan a demandé à vous cribler tous, comme on crible le froment. Mais j'ai prié pour toi, Pierre, afin que ta foi ne défaille point : lors donc que tu auras été converti, aie soin d'affermir tes frères. »

L'Eglise est livrée dans ce moment à une crise affreuse, mais les portes de l'enfer ne prévaudront point contre elle (Matth. XVI, 18). Pie IX et ses fidèles brebis peuvent dire avec saint Paul (2 Corint., IV, 8) : Nous sommes pressés de toutes sortes d'afflictions, mais nous n'en sommes pas accablés ; nous nous trouvons dans des difficultés insurmontables, mais nous n'y succombons pas ; nous sommes persécutés, mais non pas abandonnés ; nous sommes abattus, mais non pas entièrement perdus.... c'est pourquoi nous ne perdons pas courage. »

L'Eglise aura une crise affreuse... L'Apocalypse fait le récit de ces grandes luttes de l'enfer et du monde contre Dieu, le Christ de Dieu et l'Eglise, qui est bâtie sur Pierre. « Je vis, dit saint Jean (Apoc. XIX, 11, 19), le ciel ouvert et il parut un cheval blanc ; et celui qui était dessus s'appelait le Fidèle et le Véritable, qui juge et qui combat justement. Ses yeux étaient comme une flamme de feu ; il avait sur la tête plusieurs diadèmes, et il portait écrit un nom que nul autre que lui ne connaît... Et je vis la bête et les rois de la terre et leurs armées assemblées pour faire la guerre à celui qui était sur le cheval blanc et à son armée. Mais la bête fut prise et avec elle le faux prophète... Malheur à la terre et à la mer, parce que le diable est descendu vers vous, plein de colère, sachant le peu de temps qu'il lui reste. Le dragon, se voyant donc précipité, commença à poursuivre la femme (l'*Eglise*) et, irrité contre elle, il alla faire la guerre à ses autres enfants qui gardent les commandements de Dieu et qui demeurent fermes dans la confession de Jésus-Christ. »

Ce sera le temps des ténèbres : — Il y a des ténèbres

morales et des ténèbres matérielles. Dieu envoie quelquefois les secondes en punition des premières et en signe d'une terrible vengeance, après un aveuglement ou un crime sans pareil. Ainsi l'Egypte fut plongée dans une profonde obscurité, à cause de la résistance de son roi aux ordres de Dieu. Ainsi le monde fut enveloppé dans des ténèbres épaisses lorsque notre Sauveur était sur la croix. Satan régnait alors sur le monde entier, et le Juif déicide avait repoussé la vraie lumière. Ainsi Byzance, théâtre des infamies et des fureurs sacriléges de Constantin Copronyme, le plus odieux des empereurs du Bas-Empire, Byzance, qui se vit inondée du sang des martyrs en même temps que souillée par un conciliabule de 338 archevêques et évêques apostats, puisque pas un seul n'osa défendre la foi des six conciles œcuméniques, en faveur des saintes images, Byzance qui, pendant 34 ans, participa et applaudit aux attentats et aux débauches de Copronyme, éprouva, non-seulement ce fléau des ténèbres, mais tous les châtiments dont Dieu peut frapper un pays qui s'obstine dans le mal et qu'il voudrait cependant ramener à lui. Cette grande cité fut réduite dix fois à la dernière extrémité par les guerres étrangères et les guerres civiles, par la peste et la famine. La mortalité fut telle, qu'en moins de deux mois elle priva de tous ses habitants Constantinople et ses environs, qui étaient les lieux les plus peuplés de l'univers. Aussi, pour les repeupler, le Péloponèse devint presque un désert et retomba dans la barbarie. Des spectres effroyables et des guerriers aériens jetèrent partout l'épouvante. On s'imaginait les voir blesser les uns et massacrer ceux qui succombaient à tant de maux. De petites croix, pour venger celles qu'on avait abattues dans tout l'empire, se peignaient en grand nombre sur les habits et sur les murailles des maisons et des églises. Un froid inouï survint qui gela la mer Noire à une profondeur de 45 pieds, à plus de 30 lieues de ses côtes, et il tomba plus de 30 pieds de neige sur cette glace. Ce fléau durait depuis le commencement d'octobre, lorsque, vers la fin de mars, l'air s'embrasa de tant de feux, qu'on croyait que les étoiles tombaient et que le monde allait périr. Après ce froid excessif, ce déluge de neige et ces éclairs continus, soufflèrent des vents brûlants qui desséchèrent les sources et les rivières. Enfin, affirme saint Théophane qui fut le témoin oculaire de tous ces désastres, il n'y eut pas une désolation qui ne vînt fondre sur ce malheureux empire et sur sa capitale. Ce même Saint, dans son Histoire de Constantin Copronyme, qu'il compare aux Dioclétien et aux Galère, nous apprend que cette ville maudite fut tout à coup, au mois d'août (746), ensevelie *dans d'épaisses ténèbres* comme le fut autrefois l'Egypte. Ces ténèbres palpables durèrent, non pas trois jours comme sur la terre des Pharaon, mais six jours consécutifs. L'épouvante causée par ce sinistre phénomène durait encore lorsqu'un tremblement de terre bouleversa plusieurs provinces de l'empire et surtout la Syrie et la Palestine. Partout les villes disparurent et le nombre des victimes fut incalculable... Rien de plus triste que de lire l'histoire du règne de ce monstre, adonné à toutes les pratiques de la magie.

Ne sommes-nous pas arrivés à des temps semblables? C'est encore Satan qui gouverne le monde. Or, si le monde ne fait pas la guerre aux saintes images, ne la fait-il pas à Jésus-Christ lui-même, à son Vicaire, à sa Religion? Rien donc d'étonnant si Marie nous annonce, comme Isaïe (4, X, 2), que les ténèbres couvriront la terre et qu'une nuit sombre enveloppera les peuples, mais qu'alors le Seigneur s'élèvera et fera éclater sa gloire... «au milieu des nations qui habitaient dans la région de l'ombre de la mort.» Dira-t-on que le soleil de la terre ne peut s'obscurcir? Mais l'impiété est bien parvenue à obscurcir dans toutes les intelligences le soleil des âmes, plus brillant encore, qui éclaire tout homme venant en ce monde! Ensuite, ne sait-on pas qu'à la mort de Jésus-Christ un payen effrayé s'écria: *Ou le monde périt, ou un Dieu se meurt!...* Amos (VIII, 9) et Joël (III, 15) nous prédisent qu'au jour de la vengeance du Seigneur, le soleil et la lune se couvriront de ténèbres et les étoiles retireront toute leur lumière. Saint Pierre ajoute (Act. II) : «En ces jours-là je répandrai de mon esprit sur mes serviteurs et sur mes servantes, et ils prophétiseront. Je ferai paraître des prodiges dans le ciel et des signes sur la terre, du sang, du feu et une vapeur de fumée. Le soleil sera changé en ténèbres et la lune en sang, avant que le grand jour du Seigneur arrive et paraisse avec éclat. »

CHAPITRE VII.

VI. *La France, l'Italie, l'Espagne et l'Angleterre seront en guerre, le sang coulera dans les rues, le Français se battra avec le Français, l'Italien avec l'Italien; puis il y aura une guerre générale qui sera épouvantable; pour un temps, Dieu ne se souviendra plus de la France ni de l'Italie (deux ans, un an), parce que l'Evangile de Jésus-Christ n'est plus connu, etc., etc.*

Les principes de 89 en politique, et l'esprit libre-penseur en religion, ont bouleversé l'ordre social et l'ordre spirituel; dès lors la guerre civile et la guerre entre les peuples est devenue comme l'état normal de notre société athée. Rien n'est plus sanguinaire que l'impiété! Sous son règne, la force et l'égoïsme règlent tout. Dieu n'est plus la cause de l'ordre ni la source de l'autorité, de la souveraineté et de la justice. La révolution qui met Dieu de côté trouve tout cela en elle-même. Maintenant qu'elle a conquis les masses, elle enseigne que le nombre est la source de tout droit et que les principes dépendent des majorités. Elle prétend donc être *la voie, la vérité et la vie* des sociétés modernes, et c'est sur les ruines du Christianisme qu'elle veut établir sa république universelle.

Est-il étonnant que Dieu ait pris de nouveau son œuvre en dégoût? Pour l'exterminer, il n'aurait qu'à livrer le monde à la révolution. Il ne pourrait mieux se venger de l'ingratitude et de la folie des nations. Mais Dieu qui règne au ciel sur ses élus, dans l'enfer par le châtiment des réprouvés, veut régner sur la terre par sa providence, afin que les destinées du genre humain s'accomplissent par les obstacles mêmes que suscitent les démons et les impies. Notre libre arbitre se concilie parfaitement avec sa préscience, parce que, si l'homme s'agite, c'est Dieu qui le mène et qui tire le bien du mal. Le ciel et la terre passeront, mais ses paroles ne passeront pas. L'homme peut bien se soustraire à l'amour de Dieu, mais non à sa justice : il en est de même des peuples. L'Ancien et le Nouveau Testament, depuis le commencement jusqu'à la fin, démontrent cette vérité.

« Isaïe (IX, 13) nous dit : Ce peuple n'est point retourné vers celui qui le frappait ; ils n'ont point recherché le Dieu des armées. Le Seigneur retranchera dans un même jour la tête et la queue, la branche forte et le jonc. Le vieillard et les personnes vénérables en sont la tête ; et le prophète qui enseigne le mensonge en est la queue. Alors ceux qui appellent ce peuple heureux, se trouveront être des séducteurs ; et ceux qu'on flatte de ce bonheur se trouveront avoir été conduits dans le précipice : c'est pourquoi le Seigneur ne mettra point sa joie dans les jeunes gens d'Israël ; il n'aura point de compassion des orphelins et des veuves, parce qu'ils sont tous des hypocrites et des méchants, et que leur bouche ne s'ouvre que pour des folies. Après tous ces maux, sa fureur n'est point encore apaisée et son bras est toujours levé. Car l'impiété s'est allumée comme un feu ; elle dévorera les ronces et les épines ; elle s'embrasera comme dans l'épaisseur d'une forêt, et elle poussera en haut des tourbillons de fumée. Toute la terre sera dans l'effroi par la colère du Dieu des armées ; le peuple deviendra comme la pâture du feu ; le frère n'épargnera point le frère... Manassé dévorera Ephraïm, et Ephraïm Manassé ; et l'un et l'autre se soulèveront contre Juda... Malheur à ceux qui établissent des lois d'iniquité et qui font des ordonnances injustes. »

Quand l'iniquité déborde, quand l'abus des grâces et le mépris de Dieu sont sans bornes, il arrive que les pénitences et les prières des saints ne peuvent pas toujours arrêter les châtiments que la justice divine a décrétés contre les nations plongées dans l'excès du mal. Les insensés de notre époque disent qu'ils n'ont rien à craindre, parce que, si dix justes eussent sauvé la Pentapole, il y en a bien plus en France. Mais réfléchissent-ils sur la différence des temps et des nombres, sur le plus ou moins de perversité dans le mal et d'ingratitude pour les bienfaits reçus et sur la profanation des grâces accordées? Oui! dix justes eussent sauvé les cinq villes maudites, mais dix mille justes auraient-ils sauvé Jérusalem? Et n'en faut-il pas des millions pour sauver la France et l'Italie? Nous savons que les prières mêmes de Moïse ne préservaient pas toujours Israël de la vengeance divine. Le Seigneur parle ainsi à Ezéchiel : (XIV, 13) : « Fils de l'homme, lorsqu'un pays aura péché contre moi, et qu'il se sera endurci dans la violation de mes préceptes, j'étendrai ma main sur ce pays, je briserai la force de son pain, j'y enverrai la famine et je ferai mourir hommes et bêtes. Si ces trois hommes, Noé, Daniel et Job, se trouvent au milieu de ce pays, ils délivreront leurs âmes par leur propre justice... Mais ils ne délivreront ni leurs fils ni leurs filles. »

« Le Seigneur, dit Jérémie (XV, 30), rugira du haut du ciel, et il fera entendre sa voix du lieu de sa demeure sainte; il rugira comme un lion contre le lieu même de sa gloire, et il s'élèvera un cri universel contre tous les habitants de la terre, tel qu'en font ceux qui foulent le vin. Le bruit en retentira jusqu'aux extrémités du monde, parce que le Seigneur entre en jugement avec les nations; il se rend lui-même le juge de tous les hommes. — J'ai livré à l'épée les impies, dit le Seigneur... Les maux vont passer d'un peuple à un autre et une grande tempête sortira des extrémités du monde. Ceux que le Seigneur aura tués en ce jour, resteront étendus sur la terre, d'un bout à l'autre. »

Pourquoi cette guerre, cette dévastation générale? c'est parce que Jésus-Christ n'est plus connu. Saint Paul (*ad Rom.*, X, 16) nous le dit: « Mais tous n'obéissent pas à l'Evangile. C'est ce qui a fait dire à Isaïe : Seigneur, qui a cru ce qu'il nous a ouï prêcher?... » L'Evangile a été prêché dans toute la terre, mais c'est en vain que Dieu a tendu les bras pendant tout le jour et depuis des siècles aux peuples incrédules et rebelles à ses paroles, aux hommes qui ont des yeux pour ne pas voir et des oreilles pour ne pas entendre. C'est surtout aujourd'hui que nous devons répéter avec David (Ps. XIII, 1): « L'insensé a dit dans son cœur : Il n'y a point de Dieu. Les hommes se sont corrompus et sont devenus abominables dans toutes leurs affections et leurs désirs.

Il n'y en a point qui fassent le bien, il n'y en a pas un seul. » Et avec Michée (XII, 2): « On ne trouve plus de saints sur la terre; il n'y a personne qui ait le cœur droit; tous tendent des piéges pour verser le sang: le frère cherche la mort de son frère. Ils appellent bien le mal qu'ils font; le prince exige, le juge est à vendre; un grand fait éclater dans ses paroles la passion de son cœur, et ceux qui l'approchent la fortifient. Le meilleur d'entre eux est comme une ronce, et le plus juste comme une épine d'une haie. Mais voici le jour qu'ont vu les prophètes, voici le temps où Dieu vous visitera; vous allez être détruits. Ne vous fiez point à votre ami; ne vous reposez point sur celui qui vous gouverne; tenez fermée la porte de votre bouche, même à celle qui dort près de vous. Car le fils traite son père avec outrage, la fille s'élève contre sa mère, et l'homme a pour ennemis les personnes de sa propre maison. »

On a dit vrai en affirmant que le monde se meurt parce qu'il manque de saints et parce que l'Evangile n'est plus la loi du monde. Aussi le moment est venu où l'on verra soulever peuple contre peuple, royaume contre royaume... alors le frère livrera le frère à la mort, et le père, son fils; les enfants même se soulèveront contre leurs pères et leurs mères et les feront mourir (Marc. XIII, 8, 12).

CHAPITRE VIII.

VII. *Le Saint Père souffrira beaucoup, je serai avec lui jusqu'à la fin pour recevoir son sacrifice. Les méchants attenteront plusieurs fois à sa vie (politique), etc., etc.*

La Sainte Vierge revient sur les souffrances du Souverain Pontife, et elle répète une seconde fois; *Je serai avec lui jusqu'à la fin*, pour nous avertir sans doute que ces épreuves seront aussi longues que terribles. Le pontificat de Pie IX restera dans les annales de l'Eglise comme un des plus admirables. Ce Pape a conquis tous les titres de gloire; il a même préparé les merveilles que réaliseront le règne du grand Roi et le pontificat du grand Pape. Il a donc fallu toute l'infamie du siècle, et l'enfer a dû redoubler de fureur, pour oser le trahir, le dépouiller, l'outrager, l'emprisonner, et sous ses yeux commettre tant de sacriléges contre Dieu et ses ministres. On a fait un parallèle saisissant entre Notre-Seigneur aux jours de sa passion et son Vicaire aux prises avec la Révolution. Comme autrefois Pilate présentant Jésus aux Juifs, l'exécuteur des hautes œuvres de la démagogie montre Pie IX à ses sacriléges persécuteurs, en disant: ECCE HOMO! et ses infâmes complices de lui crier aussi: TOLLE! TOLLE! CRUCIFIGE EUM!

Jésus dit à ses apôtres: « Vous serez haïs de tous à cause de mon nom... le disciple n'est pas plus que le maître, ni l'esclave plus que son seigneur. Il suffit au disciple d'être comme son maître... S'ils ont appelé le père de famille Béelzébut, à combien plus forte raison traiteront-ils ainsi les domestiques? (Matth. X, 22, 24). » Ils m'ont persécuté; ils vous persécuteront aussi (Jean, XV, 20). « Or, celui qui ne prend pas sa croix et ne me suit pas, n'est pas digne de moi (Matth. X, 38).»—Malheur à la terre et à la mer, parce que le démon est descendu vers vous, plein de colère, sachant le peu de temps qui lui reste (Apoc. XII, 12). « Le pécheur observera le juste et il grincera des dents contre lui. Mais le Seigneur s'en moquera, parce qu'il voit que son jour doit venir bientôt. Les pécheurs ont tiré l'épée du fourreau, ils ont tendu leur arc, pour renverser celui qui est pauvre... et pour égorger ceux qui ont le cœur droit. Mais que leur épée leur perce le cœur et eux-mêmes, et que leur arc soit brisé. Le Seigneur connaît les jours de ceux qui vivent sans tache, et l'héritage qu'ils posséderont sera éternel... Mais les ennemis du Seigneur n'auront pas été plutôt honorés et élevés dans le monde, qu'ils tomberont et s'évanouiront comme la fumée... Lors même que le juste tomberait, il ne se brisera point, parce que le Seigneur met sa main sous lui. J'ai été jeune et je suis vieux maintenant, mais je n'ai point encore vu que le juste ait été abandonné; parce que le Seigneur aime l'équité et qu'il n'abandonne point ses saints, ils seront éternellement conservés; mais ceux

4

qui sont injustes seront punis ; et la race des impies périra... Le pécheur observe et considère le juste, et il cherche à le tuer ; mais le Seigneur ne le laissera point entre ses mains.» «Les injustes périront tous également, et tout ce que les impies auront laissé périra aussi. C'est du Seigneur que vient le salut des justes ; et c'est lui qui est leur protecteur dans le temps de l'affliction. Le Seigneur les assistera et il les délivrera ; il les arrachera d'entre les mains des pervers et les sauvera, parce qu'ils ont espéré en lui. (Ps. XXXIV). » Celui qui demeure ferme sous l'assistance du Très-Haut, se reposera sûrement sous la protection du Dieu du ciel... Sa vérité l'environnera comme d'un bouclier... Mille tomberont à son côté et dix mille à sa droite, mais la mort n'approchera point de lui, et même il contemplera et verra de ses yeux le châtiment des pécheurs... Parce qu'il a espéré en moi, dit Dieu, je le délivrerai, et je serai son protecteur, parce qu'il a connu mon nom. Il criera vers moi, et je l'exaucerai ; je suis avec lui dans le temps de l'affliction; je le sauverai et je le comblerai de gloire (Ps. XC.).

Combien de fois les Juifs n'ont-ils pas attenté à la liberté et à la vie de Jésus, parce que ses enseignements et ses révélations leur déplaisaient ? A Nazareth comme à Jérusalem, Notre-Seigneur fut souvent obligé de se cacher, de s'éloigner, parce que les Pharisiens et les Sénateurs conspiraient avec les princes des prêtres pour l'arrêter et le faire mourir. « Mais personne ne mettait la main sur lui, son heure n'étant pas encore venue. (Jean VII, 30).»—Dieu garde de même le Vicaire de son Fils.

CHAPITRE IX.

VIII. *Un avant-coureur de l'Antechrist avec ses troupes de plusieurs nations combattra contre le vrai Christ, le seul Sauveur du monde ; il répandra beaucoup de sang et voudra anéantir le culte de Dieu, pour se faire regarder comme un Dieu.*

Nous avons traité à part ce qui dans le secret de N.-

D. de la Salette regarde les apôtres des derniers temps et l'Antechrist. Nos lecteurs ont dû s'apercevoir que le plus souvent, dans notre polémique, nous nous bornons à citer les auteurs les plus respectables. Nous continuerons à suivre cette méthode, qui doit nous épargner les récriminations des ignorants, et même nous permettre de dire toute la vérité à ceux qui en ont besoin. La lutte contre le mal présent, ou la préparation d'un meilleur avenir, mérite tout notre temps; aussi nous combattrons la révolution tant que Dieu ne l'aura pas écrasée. C'est là le grand miracle attendu, car l'erreur domine tellement, que toute sagesse, toute force humaine, est impuissante à la renverser. Mais ne nous décourageons pas ; Dieu achèvera ce que ses enfants n'auront pas fait. Ce sera donc après la grande crise que nous publierons notre opuscule sur les saints prêtres et sur l'Antechrist. Nous nous bornons ici à justifier les textes du secret par ces textes de l'Ancien ou du Nouveau Testament.

« Que personne ne vous séduise en quelque manière que ce soit, car ce jour (du jugement) ne viendra point que la révolte et l'apostasie ne soient arrivées auparavant, et qu'on ait vu paraître cet homme de péché qui doit périr misérablement, cet ennemi de Dieu qui s'élèvera au-dessus de tout ce qui est appelé Dieu ou qui est adoré, jusqu'à s'asseoir dans le temple de Dieu, voulant lui-même passer pour Dieu... Et vous savez bien ce qui empêche qu'il ne vienne, afin qu'il paraisse en son temps. Car le mystère d'iniquité se forme dès à présent: seulement que celui qui a la foi la conserve, jusqu'à ce que cet homme soit détruit. Et alors se découvrira l'impie que le Seigneur Jésus détruira par le souffle de sa bouche et qu'il perdra par l'éclat de sa présence (2 ad Thes. II, 3). »

« Mes enfants, cette heure est la dernière, et comme vous avez ouï dire que l'Antechrist doit venir, il y a dès maintenant plusieurs antechrists, ce qui vous fait connaître que nous sommes dans la dernière heure. Ils sont sortis d'avec nous, mais ils n'étaient pas des nôtres; car, s'ils avaient été des nôtres, ils seraient demeurés avec nous... Nul mensonge ne vient de la vérité. Qui est menteur, si ce n'est celui qui nie que Jésus soit le Christ? Et celui-là est un Antechrist qui nie le Père et le Fils. (I.

Joan. II, 18). » « Ce sera alors pour plusieurs un temps de scandale... car il s'élèvera des faux prophètes qui séduiront beaucoup de personnes... Quand donc vous verrez dans le lieu saint l'abomination de la désolation qui a a été prédite par le prophète Daniel, que celui qui lit entende. Alors on vous livrera aux tourments, on vous fera mourir, et vous serez haïs de toutes les nations à cause de mon nom. (Matth. XXIV). »

Saint Jean nous a dit qu'il y a eu déjà bien des antechrists; et il y en aura encore, avant la venue de celui qui sera le plus grand ennemi de Dieu et des hommes. Le secret de Mélanie nous annonce pour notre temps un avant-coureur de l'Antechrist, qui sera à la tête des troupes de plusieurs nations. Des guerres et des persécutions ont toujours été l'œuvre de prédilection de ces maudits; mais le monde ne mérite-t-il pas d'être puni de ses iniquités? Et si tout doit être proportionné, on peut s'attendre à de grands malheurs, surtout au moment de la crise qui précèdera le triomphe désiré. Quant au *Fils de perdition*, il ne paraîtra que peu avant le second avènement de N.-S. J.-C.; alors la révolte et l'apostasie auront été complètes, et Elie et Henoch seront venus pour convertir les Juifs: mais M. Bismark ne serait-il pas cet *avant-coureur*?

CHAPITRE X.

IX. *La nature demande vengeance pour les hommes; et elle frémit d'épouvante dans l'attente de ce qui doit arriver à la terre souillée de crimes. Tremblez, terre; et vous qui faites profession de servir Jésus-Christ et qui au-dedans vous adorez vous-mêmes; tremblez, car Dieu va vous livrer à son ennemi, parce que les lieux saints sont dans la corruption. (Beaucoup de couvents ne sont plus les maisons de Dieu, etc., etc.)*

Ces menaces terribles ne sont que trop justifiées par l'état de dégradation où est tombé le genre humain. Les peuples et les gouvernements se précipitent à l'envi dans le chaos révolutionnaire; aussi toutes les abominations des temps antérieurs se montrent à la fois dans ce temps incomparable de lâcheté et de crimes, d'ignorance et de corruption, d'orgueil et d'apostasie. C'est pourquoi Dieu nous a livrés *à son ennemi*... Bismark. Oui, tout crie vengeance contre le peuple chrétien, comme autrefois contre Israël, parce que l'un et l'autre ont rejeté la loi du Seigneur pour devenir les esclaves de Satan. Certainement Dieu a ses ministres et ses saints; mais le démon a aussi ses prêtres, ses adorateurs et ses églises. Nous voyons le sacrilége s'emparer des sanctuaires du Très-Haut, et les souiller plus audacieusement que les Lévites ne profanaient le temple de Jérusalem. Et l'on pense qu'en cachant les scandales on supprime le mal! Et l'on espère que le Seigneur ne nous accablera pas sous le poids de sa fureur (Ps. LXVII, 54)! Mais, dit la Sagesse (VI, 5) : Parce qu'étant les ministres de son royaume, vous n'avez pas jugé équitablement, que vous n'avez point gardé la loi de la justice, et que vous n'avez point marché selon la volonté de Dieu, il se fera voir à vous d'une manière effroyable et dans peu de temps, parce que ceux qui commandent les autres seront jugés avec une extrême rigueur.» — « Les Scribes et les Pharisiens sont assis sur la chaise de Moïse. Observez donc et faites ce qu'ils vous disent; mais ne faites pas ce qu'ils font. Malheur à vous, Scribes et Pharisiens hypocrites, qui fermez aux hommes le royaume des cieux! car vous n'y entrez pas vous-mêmes, et vous vous opposez encore à ceux qui désirent y entrer. Malheur à vous, Scribes et Pharisiens hypocrites, qui parcourez la terre et la mer pour faire un prosélyte, et après qu'il l'est devenu, vous le rendez digne de l'enfer deux fois plus que vous... Malheur à vous, guides aveugles qui rejetez le moucheron et qui avalez le chameau... qui nettoyez le dehors de la coupe et du plat, pendant que le dedans est plein de rapine et d'impureté... Qui êtes semblables à des sépulcres blanchis qui au dehors paraissent beaux aux yeux des hommes, mais qui au dedans sont pleins d'ossements de morts et de toute sorte de pourriture...! Serpents, race de vipères, comment éviterez-vous d'être condamnés au feu de l'enfer? (Mat. XXIII.)»

Le Seigneur, dès le temps d'Ezéchiel, menaçait ainsi ces pervers; (VII, 3) : « Votre fin est arrivée; je vais maintenant répandre ma fureur contre vous; je vous jugerai selon vos voies, et je ferai retomber sur vous toutes vos abominations... Vous qui habitez sur la terre, une ruine entière vient vous accabler; le temps est venu, le jour est proche, le jour du carnage et non celui de la gloire des montagnes. Maintenant je vais répandre de près ma colère, et ma fureur se satisfera en vous. » « Le Dieu d'Israël me dit (VIII, 5) : Fils de l'homme, levez les yeux du côté de l'aquilon. Et ayant levé les yeux de ce côté-là, je vis du côté de l'aquilon de la porte de l'autel cette idole de jalousie qui était à l'entrée. Il me dit ensuite : Fils de l'homme, voyez-vous ce que font ceux-ci, voyez-vous les grandes abominations que la maison d'Israël fait en ce lieu, pour m'obliger à me retirer de mon sanctuaire ? Et quand vous vous retournerez d'un autre côté, vous verrez des abominations encore plus grandes. «Et à l'entrée du parvis... il me dit : Entrez et voyez les effroyables abominations que ces gens font en ce lieu. Et j'entrai, et en même temps je vis des images de toutes sortes de reptiles et d'animaux, et l'abomination de la maison d'Israël, et toutes ces idoles étaient peintes sur la muraille tout autour : Et soixante-dix des prêtres de la maison d'Israël étaient debout devant ces peintures ; et Jézonias, fils de Saphan, était au milieu d'eux ; chacun d'eux avait un encensoir, et la fumée de l'encens qui en sortait s'élevait en nuage. Il me dit : Certes, vous voyez, Fils de l'homme, ce que ces anciens de la maison d'Israël font dans les ténèbres, ce que chacun d'eux fait dans le secret de sa chambre, car ils disent : Le Seigneur ne nous voit point, le Seigneur a abandonné la terre... Et m'ayant mené à l'entrée de la maison du Seigneur, qui regarde du côté du septentrion, je vis des femmes qui étaient assises en ce lieu et qui pleuraient Adonis. Et il me dit : Certes vous voyez, Fils de l'homme, ce qu'elles font ! Et si vous allez encore d'un autre côté, vous verrez des abominations encore plus grandes ! Et m'ayant fait entrer dans le parvis intérieur de la maison du Seigneur, entre le vestibule et l'autel, je vis environ vingt-cinq hommes qui tournaient le dos au temple et dont le visage regardait l'Orient; et ils adoraient le soleil levant... C'est pour cela aussi que je les traiterai dans ma fureur : Mon œil les verra sans être fléchi ; je ne serai point touché de compassion ; et lorsqu'ils crieront vers moi à haute voix, je ne les écouterai point. »

CHAPITRE XI.

X. *Dans l'année 1865, on verra l'abomination dans les lieux saints, dans les couvents, etc....., et alors le démon se rendra comme le roi des cœurs. Que ceux qui sont en tête des Communautés religieuses se tiennent en garde pour les personnes qu'elles doivent recevoir, etc., car les désordres et l'amour des plaisirs charnels, etc., etc.*

Dieu est rejeté du monde social par la politique des gouvernements, et il est chassé de ses sanctuaires par les profanations. Les chefs de la révolution s'efforcent de perdre le clergé en y faisant entrer leurs adeptes... est-il surprenant qu'il y ait des scandales, et que le démon se soit emparé des cœurs et leur commande en despote ? « Il est impossible, dit saint Paul (ad Hæbr. VI, 5), que ceux qui ont été une fois éclairés, qui ont goûté le don du Ciel, qui ont été rendus participants du Saint-Esprit, qui sont nourris de la Sainte parole de Dieu et de l'espérance des grandeurs du siècle à venir, et qui après cela sont tombés : il est impossible, dis-je, qu'ils se renouvellent par la pénitence, parce qu'autant qu'il est en eux, ils crucifient de nouveau le Fils de Dieu et l'exposent à l'ignominie. »

Le SECRET nous a annoncé (p. 33), qu'en 1864 un grand nombre de démons seront détachés de l'enfer. Il s'ensuit nécessairement que leurs actions malfaisantes et que les perturbations qu'ils causent dans les âmes et dans les nations sont en proportion de leur nombre et de leur fureur. Séduire les hommes, en les faisant tomber dans le péché, ou châtier la terre de ses iniquités selon les ordres de Dieu, tel est le double emploi des mauvais anges. Or, dit saint Augustin, leurs délices sont de corrompre les âmes vertueuses. Susciter des ennemis à Dieu, renouveler sur la terre leur téméraire rébellion dans le ciel, tout perdre après s'être perdus eux-mêmes, les démons n'ont pas d'autres amours. Ils se sont divisé les rôles, soit pour séduire, soit pour exercer les vengeances de Dieu. Un auteur payen, Porphyre, reconnaît que ce sont les démons qui enflamment les passions, qui fomentent les séditions, les guerres et tous les maux qui s'ensuivent. L'Ecriture est effrayante dans sa nomenclature des anges déchus, qui n'ont en vue que de renverser tout l'ordre divin en faisant régner partout l'impiété avec l'anarchie. Nous voyons les esprits de jalousie, les esprits de méchanceté, de bouleversement, de sortilége, de superstition, de mensonge et d'erreur, les esprits des tempêtes et de vengeance, les esprits de fornication, les esprits immondes, les esprits pour les maladies... De sorte que tout mal trouve ses instigateurs dans les démons. Or, à aucune époque, l'action des esprits infernaux ne s'est montrée plus ostensiblement qu'aujourd'hui dans la rage de la secte révolutionnaire, dans la persécution contre l'Eglise et son Chef, et dans la diffusion universelle des plus grossières erreurs chez toutes les nations. Vraiment les démons se sont emparés des âmes et des corps des libres-penseurs et des catholiques libéraux....

En effet, régner sur les cœurs, aveugler les consciences au point d'y supplanter Dieu, c'est en cela surtout que les démons trouvent leurs délices. Pourquoi? parce que, dit le P. Lallemant, « c'est dans le cœur que Dieu établit le trône de sa grâce; c'est en ce règne intérieur que consiste sa gloire. Dieu s'applique plus au gouvernement surnaturel d'un cœur où il règne, qu'au gouvernement naturel de tout l'univers et qu'au gouvernement civil des empires. Dieu ne fait état que du cœur; pourvu qu'il le voit assujetti à son pouvoir, pourvu qu'il le possède, il est content. »

Que dire sur les couvents? Le P. Surin affirme qu'un ordre religieux penche vers sa décadence quand le nombre des tièdes commence à égaler celui des fervents... Les tièdes en corrompent beaucoup d'autres; ils nuisent extrêmement à tout le corps, et ils sont eux-mêmes en danger de tomber dans un orgueil intérieur ou dans de grands désordres.

Quant aux communautés religieuses qui s'occupent de l'éducation de la jeunesse, nous leur citerons ces paroles de Mgr de Ségur (6e *Traité. Nos grandeurs en Jésus*, p. 285). « Un système d'éducation, non inspiré par l'Eglise, *bourre* les esprits de nos pauvres petits chrétiens d'une quantité de connaissances qui absorbent si bien leur intelligence, leur imagination, leur mémoire, leurs sentiments et l'application de toutes leurs facultés, que bientôt le surnaturel, c'est-à-dire Jésus-Christ, n'y trouve plus de place. L'instruction profane occupe tous les moments d'une journée de 14 heures ; l'instruction chrétienne est reléguée au dernier plan ; et peu à peu l'intelligence des choses divines baisse, s'atrophie et finit par s'éteindre totalement. Le goût de la piété, le sens pratique de Jésus-Christ, ne subsiste plus, ne peut plus subsister, dans ces pauvres âmes, qu'à l'état d'un surnaturel vague qui, ne reposant plus sur aucune base doctrinale, se dissipe comme la fumée au premier souffle des passions et des sophismes.

» On en arrive bientôt à regarder comme une perte de temps, les moments déjà si écourtés que les règlements, non la piété, consacrent aux exercices religieux. On méprise secrètement les enseignements et les pratiques de la foi ; on devient tout profane dans ses pensées, dans ses jugements, dans ses goûts. Lors même qu'on aurait le temps de prier, de faire une petite lecture spirituelle, d'entendre des instructions, on n'en a plus le goût; ce qu'on devrait faire avec amour, on le fait avec ennui; ce qu'on devrait regarder comme la grande affaire de la vie, on ne le regarde plus que comme une corvée : quelle misère ! quelle aberration ! or ce mal immense, fondamental, est devenu un mal général. Et grâce aux institutions publiques, Jésus-Christ, avec sa divine sagesse, avec sa céleste et pure lumière, est de plus en plus mis hors de la loi, non pas seulement en théorie, mais en pratique. *Le mal pénètre partout : dans les pensionnats religieux, dans l'éducation des jeunes filles, dans les colléges catholiques, dans les écoles préparatoires à toutes les carrières, parfois même dans les petits séminaires.* Le grec, le latin, les mathématiques, les baccalauréats, envahissent tout ; c'est à peine si l'enseignement de la science de Jésus-Christ, c'est-à-dire de l'unique nécessaire, obtient une heure ou deux dans une semaine. Et l'on s'étonne que la foi baisse, que les fruits d'une sainte première Communions se perdent, que l'éducation ne produise pas de solides chrétiens ! Là, comme partout, on recueille ce que l'on sème. »

M. l'abbé Curicque, dans ses *Voix prophétiques* (t. II, p. 509), publie ces plaintes de N.-S. sur la mauvaise éducation que reçoit la jeunesse, même dans des communautés religieuses : « Ce qui me perce le cœur davantage, ce sont les maisons vouées à l'instruction, qui ne devraient s'appliquer qu'à faire connaître ma loi à ces jeunes âmes, à les enflammer de mon amour, à les nourrir de ma parole, et qui ne s'étudient qu'à faire briller, dans les jeunes personnes surtout, les sciences du monde. On dit : *mais elles ne savent pas paraître !* O monde insensé ! que tes maximes sont fausses et trompeuses ! Apprends donc que la véritable manière de paraître se résume en ces choses : *Connaître à fond la vertu, aimer la vertu et la pratiquer, aimer la solitude, vivre ignorées et cachées !* Alors, si quelquefois ces personnes sont obligées de se trouver au milieu des mondains, ceux-ci sont encore forcés de s'écrier : *Oh ! que la Religion est belle quand elle est pratiquée dans toute sa pureté !* Oui, croyez qu'une jeune personne modeste, simple et humble, est mille fois préférable à celle qui sait s'élever par ses vaines connaissances *aux choses variées de la terre*... Maintenant, *dans la plupart des maisons d'éducation, même les plus chrétiennes*, on fait venir des maîtres pour tout, même pour *des arts inutiles et dangereux*, c'est-à-dire qu'on jette ces jeunes enfants sur le chemin glissant de la tromperie ; on est semblable à une mère qui poserait son enfant sur le bord d'un précipice : s'il se tourne du bon côté, il échappera à la mort ; mais si, comme il est naturel, il se penche quelque peu, il roulera jusqu'au fond. *Voilà la responsabilité de ces maisons d'éducation. Aussi me faudra-t-il faire rendre compte, âme pour âme, de tous ces abus ; car les âmes qui se seront perdues, crieront vengeance.* Ce n'est que par la bonne éducation de la jeunesse que tous ces désordres peuvent être réparés. Mais aussi que de fermeté et de prudence pour inspirer à ces jeunes enfants toutes les vertus qui font les vierges fidèles et les femmes fortes, si rares maintenant! Voulez-vous qu'il sorte de bons fruits d'une mauvaise racine? De même il ne peut naître des enfants pieux, *d'une mère païenne*. Mais si au contraire une mère pieuse n'a en vue que ma gloire dans l'éducation de ses enfants, pourra-t-elle élever des enfants païens? »

Ces reproches de Notre-Seigneur démontrent que, dans un certain clergé et dans des établissements religieux, on comprend peu la vie sérieuse que doivent avoir les fidèles et surtout les lévites, puisqu'on ne sait pas même les y préparer.

CHAPITRE. XII.

XI. *Ce sera pendant ce temps que naîtra l'Antechrist, d'une religieuse, etc.; son père sera évêque; en naissant, il vomira des blasphèmes, il aura des dents; en un mot, ce sera le diable incarné; il poussera des cris effrayants, il fera des prodiges, il ne se nourrira que d'impureté; il aura des frères qui, quoiqu'ils ne soient pas comme lui des démons incarnés, seront des enfants de mal; à 12 ans, ils se feront remarquer par les vaillantes victoires qu'ils remporteront; bientôt ils seront chacun à la tête des armées, etc., etc.*

La révélation de la Salette explique les prophéties de l'Ancien et du Nouveau Testament qui parlent du *monstre d'iniquité*; ce qu'elle dit est conforme aux sentiments des principaux commentateurs, et fera reconnaître facilement cet *homme de péché, ce fils de perdition*, quand il sera venu.

Après le grand triomphe de l'Eglise, les démons qui auront été enchaînés pendant ce temps, recommenceront leur lutte contre Dieu et contre la Religion. Ce sera la dernière et par conséquent la plus terrible, puisque l'Antechrist renouvellera toutes les turpitudes et tous les crimes de ses nombreux précurseurs. Sa venue aura lieu par l'opération de Satan, *cujus est adventus secundum operationem Satanæ;* il en aura toute la puissance, *in omni virtute;* il naîtra de la plus impudique femme qui fût jamais et d'une union sacrilége à tous égards, dit saint Jean Damascène (Rougeyron de l'Antechrist). Saint Jéan (Apoc. XIII, 5) le dépeint en ces termes : « Il lui fut donné une bouche qui se glorifiait insolemment et qui blasphémait, et il reçut le pouvoir de faire la guerre durant quarante-deux mois. Il ouvrit donc la bouche pour blasphémer contre Dieu, pour blasphémer son nom et son tabernacle, et ceux qui habitent dans le ciel. Il reçut aussi le pouvoir de faire la guerre aux Saints et de les vaincre, et la puissance lui fut donnée sur les hommes de toute tribu, de tout peuple, de toute langue et de toute nation ; il fut adoré par tous ceux qui habitent sur la terre dont les noms ne sont pas inscrits dans le livre de vie de l'Agneau qui a été immolé dès la création du monde. »

« Les pécheurs, dit le roi-prophéte (Ps. LVII, 3), se sont éloignés de la justice dès leur naissance, ils se sont égarés dès qu'ils sont sortis du sein de leur mère, et ils ont dit des choses fausses. Leur fureur est comme celle du serpent et de l'aspic, qui se rend sourd en se bouchant les oreilles. » — C'est ainsi que, dès sa naissance, le représentant de *Lucifer* étalera tout son satanisme.

CHAPITRE XIII.

XII. *Paris sera brûlé et Marseille englouti, plusieurs grandes villes seront ébranlées et englouties par les tremblements de terre, etc., etc.*

Que d'empires, que de villes ont disparu dans les temps anciens à cause de leurs iniquités? Sodome et toute la Pentapole englouties dans la mer Morte! Ninive et Babylone ensevelies sous leurs ruines, les villes de l'Egypte recouvertes des sables du désert, Herculanum et Pompeï cachées sous les éruptions d'un volcan, disent assez que de nos jours d'autres villes plus coupables encore, car elles ont profané tous les dons, toutes les grâces de Dieu, peuvent à leur tour périr plus misérablement encore. La puissance du Seigneur et sa justice sont toujours les mêmes, et doivent se manifester lorsque la mesure des iniquités déborde. Paris ne mérite-t-elle pas le sort de Babylone? Et déjà cette corruptrice des nations modernes n'a-t-elle pas le pressentiment de son affreuse destinée?

« Venez et je vous montrerai la condamnation de la grande prostituée qui est assise sur les grandes eaux, avec laquelle les rois de la terre se sont corrompus, et qui a enivré du vin de sa prostitution les habitants de la terre... (Apo. XVII). Sortez de Babylone, mon peuple, de peur que vous n'ayez part à ses péchés et que vous ne soyez enveloppé dans ses plaies. Car ses péchés sont montés jusqu'au ciel et Dieu s'est ressouvenu de ses iniquités. Multipliez ses tourments et ses douleurs, à proportion de ce qu'elle s'est élevée dans son orgueil et de ce qu'elle s'est plongée dans les délices.... C'est pourquoi en un même jour les plaies qui lui sont destinées, la mort, le deuil et la famine viendront fondre sur elle, et elle sera brûlée par le feu, parce que le Seigneur Dieu qui est Tout-puissant la condamnera à ces supplices... Et l'Ange cria de toute sa force, en disant : Elle est tombée, la grande Babylone ; elle est tombée, et elle est devenue la demeure des démons et le repaire des animaux immondes ; parce qu'elle a fait boire à toutes les nations le vin de la fureur de sa prostitution, que les rois de ce monde se sont souillés avec elle, et les marchands de la terre se sont enrichis par l'excès de son luxe... Alors les rois se tiendront loin d'elle, dans la crainte de ses tourments, et ils diront : Hélas! hélas! Babylone, ville si grande, ville si puissante, ta condamnation est venue en un moment. Les marchands de la terre pleureront et gémiront sur elle, parce que personne n'achètera plus leurs marchandises... Et ils se sont écriés, en voyant la place de cette ville *brûlée* : Quelle ville, disaient-ils, a jamais égalé cette grande ville? — Ciel, témoignez-en votre joie ; et vous aussi, saints apôtres et prophètes, parce que Dieu vous a vengés d'elle. (Apoc. XVIII).

Isaïe (XXIV, 10) et Ezéchiel (XVI, 36) parlent de Jérusalem coupable, comme saint Jean de la Babylone moderne : « Cette ville de faste est détruite, toutes les maisons en sont fermées, et personne n'y entre plus....

cette ville ne sera plus qu'un désert ; toutes les portes en seront détruites... » « Parce que vous avez dissipé tout votre argent et que vous avez découvert votre ignominie dans vos fornications, attirant ainsi ceux que vous aimiez dans les abominations de vos idoles.... je vais assembler contre vous ceux qui vous aimaient, auxquels vous vous êtes prostituée, tous ceux pour qui vous avez brûlé de passion, avec tout ceux que vous haïssez ; je les assemblerai de toutes parts, je leur découvrirai votre honte, et toute votre infamie paraîtra devant eux... Je vous livrerai entre les mains de vos ennemis ; ils détruiront votre infâme refuge, et ils renverseront votre retraite d'impudicité...; ils amèneront contre vous une multitude de peuples, ils vous assommeront à coups de pierres, ils vous perceront de leurs épées; ils mettront le feu dans vos maisons et les brûleront, ils exerceront contre vous des jugements sévères... Voici quelle a été l'iniquité de Sodome votre sœur : L'orgueil, l'excès des viandes, l'abondance de toutes choses et l'oisiveté où elle était, elle et ses filles; elles ne tendaient point la main au pauvre et à l'indigent; et elles se sont élevées d'orgueil, et elles ont commis des abominations devant moi : c'est pourquoi je les ai détruites comme vous avez vu. Samarie aussi n'a pas fait la moitié des crimes que vous avez commis; mais vous avez surpassé l'une et l'autre par vos excès et vous avez justifié vos sœurs par toutes les abominations que vous avez faites. Portez donc vous-même votre confusion, vous qui avez surpassé vos sœurs par vos péchés, vous rendant encore plus criminelles qu'elles, qui sont justes en comparaison de vous ; soyez confondue, et portez votre ignominie, vous qui avez justifié vos sœurs. »

« Habitants de la terre, l'effroi, la fosse et le piége vous sont réservés. Celui que l'effroi aura fait fuir tombera dans la fosse ; celui qui se sera sauvé de la fosse sera pris au piége, parce que les cieux s'ouvriront pour faire pleuvoir comme au temps du déluge et que les fondements de la terre seront ébranlés. La terre souffrira des élancements qui la déchireront, des renversements qui la briseront, des secousses qui l'ébranleront ; elle sera agitée et elle chancellera comme un homme ivre; elle sera transportée comme une tente dressée pour une nuit ; elle sera accablée par le poids de son iniquité, et elle tombera sans que jamais elle s'en relève... Et ce qui restera au milieu de la terre de tant de peuples, sera comme quelques olives qui demeurent sur un arbre après qu'on l'a dépouillé de tous ses fruits, ou comme quelques raisins oubliés dans la vendange. Ceux-là élèveront leur voix, et ils chanteront des cantiques de louanges ; ils jetteront de grands cris de dessus la mer, lorsque le Seigneur sera entré dans sa gloire. C'est pourquoi rendez gloire à Dieu par une doctrine pure, et célébrez le nom du Seigneur. »

CHAPITRE XIV.

XIII. *J'adresse un pressant appel à la terre, j'appelle les vrais disciples du Dieu vivant et régnant dans les cieux, j'appelle les vrais imitateurs du Christ fait homme, le seul et vrai Sauveur des hommes; j'appelle mes enfants, mes vrais dévots, ceux qui se sont donnés à moi pour que je les conduise à mon Divin Fils, ceux que je porte pour ainsi dire dans mes bras, ceux qui ont vécu de mon esprit; enfin, j'appelle les apôtres des derniers temps, les fidèles disciples de Jésus-Christ qui ont vécu dans un mépris du monde et d'eux-mêmes, dans la pauvreté et dans l'humilité, dans le mépris et dans le silence, dans l'oraison et dans la mortification, dans la chasteté et dans l'union avec Dieu, dans la souffrance et inconnus du monde ; il est temps qu'ils sortent et viennent éclairer la terre. Allez et montrez-vous comme mes enfants chéris, je suis avec vous et en vous, pourvu que votre foi soit la lumière qui vous éclaire dans ces jours de malheur ; que votre zèle vous rende comme des affamés pour la gloire et l'honneur du Dieu Très-Haut ; combattez, enfants de lumière, vous, petit nombre qui y voyez, car voici le temps des temps, la fin des fins, etc., le règne des dix rois. Malheur aux habitants de la terre ! Il y aura des guerres sanglantes et des famines, des pestes et des maladies contagieuses, il y aura des pluies d'une grêle effroyable d'animaux, des tonnerres qui ébranleront des villes, des tremblements de terre qui engloutiront des pays ; on entendra des voix dans les airs, les hommes se battront la tête contre les murailles, ils appelleront la mort, et d'un autre côté la mort fera leur supplice ; le sang coulera de tout côté ; qui pourra vaincre ? etc. Le feu du ciel tombera et consumera trois villes ; tout l'univers sera frappé de terreur, et beaucoup se laisseront séduire parce qu'ils n'ont pas adoré le vrai Christ vivant parmi eux. Il est temps, le soleil s'obscurcit, la foi seule arrivera....; voici le temps, l'abîme s'ouvre ; voici le roi des rois des ténèbres, voici la bête avec ses sujets, etc.* (*ne passera pas deux fois 50*).

Parce que tout bien arrive sur la terre par les prêtres, vrais imitateurs de Jésus-Christ, et que les générations qui nous remplaceront doivent être préparées aux grandes épreuves pour la foi et aux grands combats contre l'Antechrist, Notre-Dame de la Salette fait un pressant appel aux apôtres des derniers temps, pour qu'ils viennent enfin éclairer l'univers. Les prophètes nous ont annoncé cette époque bénie où la vérité et l'amour régneront sur la terre, grâce à un clergé selon le cœur de Jésus. Ce triomphe sans pareil de la Religion, cette victoire incomparable de l'Eglise, cette manifestation inouïe de la toute-puissance et de la miséricorde du Très-Haut qui fera triompher la politique divine contre la politique de l'enfer et du monde, cette sainteté surprenante qui brillera dans ces *apôtres* de la fin des temps, qui seront puissants en paroles et en actions, parce qu'ils seront pleins de zèle, de science et de charité, tous ces prodiges merveilleux réfuteront assez les prestiges de Satan et répondront aux trophées sanglants et abominables de l'Antechrist. Il ne tient qu'à nous de prémunir d'avance les futures générations contre la méchanceté et les artifices de ces maudits, et de restreindre ainsi leurs succès momentanés.

Saint Pierre nous dit (Act. II, 16) : « Ce qui a été prédit par le prophète Joël arrivera : Dans les derniers temps, dit le Seigneur, je répandrai de mon esprit sur toute chair... sur mes serviteurs et sur mes servantes et ils prophétiseront. » « Parce que la terre est remplie de la connaissance du Seigneur, comme la mer des eaux dont elle est couverte. En ce jour, le rejeton de Jessé sera exposé comme un étendard devant tous les peuples, les nations viendront lui offrir leurs prières et son sépulcre sera glorieux (Isa. XI, 9, 10). » « C'est le règne du Seigneur ! Que la terre tressaille de joie ! Que toutes les îles se réjouissent ! Les cieux ont annoncé sa justice et tous les peuples ont vu sa gloire... Sa lumière s'est levée sur le juste, et la joie dans ceux qui ont le cœur droit (Ps. XCVI). » « Je vous donnerai des pasteurs selon mon cœur, qui vous donneront la nourriture de la science et de la doctrine... En ce temps-là, Jérusalem sera appelée le trône de Dieu ; toutes les nations viendront s'y assembler au nom du Seigneur, et elles ne suivront plus les égarements de leur cœur endurci dans le mal (Jér. III, 13). » « Que les pieds de celui qui annonce et qui prêche la paix sur les montagnes sont beaux, les pieds de celui qui annonce la bonne nouvelle, qui prêche le salut, qui dit à Sion : Votre Dieu va régner ! Alors vos sentinelles se feront entendre, elles élèveront leurs voix, elles chanteront ensemble des cantiques de louanges, parce qu'elles verront de leurs yeux que le Seigneur aura converti Sion (Isa. LII, 7). »

Notre-Dame de la Salette se plaît à nous parler des vrais imitateurs de Jésus-Christ, de ces prêtres qu'elle appelle ses enfants et qu'elle fait reposer sur son cœur maternel, afin que nous les distinguions facilement de ces séducteurs qui sont les prêtres de Satan et ses adorateurs. Ces excommuniés ne sont plus que des pervertis qui prêchent d'eux-mêmes et n'ont aucune autorité, tandis que la mission ecclésiastique est le caractère distinctif des vrais ministres de Jésus-Christ et de Marie. « Tous ceux, dit saint Paul (*ad Rom.*, X, 13) qui invoqueront le nom du Seigneur seront sauvés. Mais comment l'invoqueront-ils..., s'ils n'en ont point entendu parler... et comment des prédicateurs leur prêcheront-ils, s'ils ne sont envoyés selon ce qui est écrit : que les pieds de ceux qui annoncent l'Evangile de paix sont beaux, de ceux qui annoncent les vrais biens ! (*ad Rom.*, X, 13). » « Qui sont ceux-ci qui sont emportés dans les airs comme des nuées, et qui volent comme des colombes lorsqu'elles retournent à leurs colombiers ?... Levez-vous, Jérusalem, recevez la lumière, car voilà que votre lumière est venue et que la gloire du Seigneur s'est levée sur vous. Oui, les ténèbres couvriront la terre, et une nuit sombre enveloppera les peuples (1); mais le Sei-

(1) Le soleil, qui est la lumière de la terre, dissipe les ténèbres matérielles. Que deviendrait l'univers s'il était constamment plongé dans une nuit profonde? Et comment l'homme se dirigerait-il, dans une obscurité complète, sans le secours d'une lumière artificielle? Ce serait bien plus difficile encore pour les ténèbres morales. Mais J.-C. est la vraie lumière qui éclaire tout homme; de plus, il a voulu que ses apôtres fussent à la fois le sel de la terre et la lumière du monde.

La vénérable Anna-Maria Taigi, la pieuse Bergère de la Salette et d'autres personnes privilégiées ont annoncé plusieurs jours de ténèbres, à moins que notre conversion et nos prières ne nous préservent de cette terrible épreuve (voir page 43). Les sceptiques et les catholiques *libéraux* rient de cette prophétie. Cependant ce qui vient d'avoir lieu à Rennes et à Angers, le 6 janvier dernier, prouve que cette sinistre prédiction pourrait encore se réaliser.

La presse a signalé à l'attention publique le phénomène du jour de l'Epiphanie. Le *Courrier de Rennes* cite le *Journal de Rennes*, et tous deux expliquent pourquoi *cette journée fera malheureusement époque dans les annales de cette ville.* le *Journal d'Ille-et-Vilaine*, qui n'est point une feuille religieuse et légitimiste, ne parle pas autrement, et il relate ce que dit le *Journal de Maine-et-Loire*, des ténèbres qui ont aussi envahi Angers, dans la même journée. *La Gazette de Bretagne* concorde avec les précédentes feuilles; enfin, *L'Avenir*, journal radical de Rennes, avoue franchement que lui-même a vu dans ce phénomène une juste cause d'effroi. Voici son article:

« Notre ville est sous le coup d'une profonde émotion. Elle a été éprouvée de la façon la plus terrible et la plus inattendue, par suite d'un phénomène météorologique tel que, de mémoire d'homme, on ne se rappelle en avoir vu.

» Durant toute la journée, un brouillard intense s'est étendu sur nous, rendant toute circulation extrêmement dangereuse, et s'épaississant au fur et à mesure que la nuit s'avançait. Le soir, malgré les becs de gaz et les lumières des magasins, il n'était plus possible de s'apercevoir que lorsqu'on était littéralement l'un sur l'autre.

» On ne peut dire à combien de chutes, de rencontres de voitures et de piétons a donné lieu cette situation, qui malheureusement a aussi amené une série de catastrophes. C'est le quai d'Ille-et-Rance (à droite de la promenade du Mail) qui en a été surtout le théâtre. Là, trompées par l'obscurité la plus complète, plusieurs personnes — nous ne pouvons encore en déterminer le nombre — se sont égarées et sont tombées à l'eau.

» Ce matin, quatre cadavres ont déjà été retirés, mais la découverte de coiffures qui n'appartiennent à aucune des victimes, fait naître le cruel doute que d'autres sont encore au fond de l'eau. Outre ces morts par submersion, on parle d'une femme écrasée près de la gare.

» La représentation de *Guillaume Tell*, qui devait être donnée hier au théâtre, n'a pu avoir lieu à cause de l'épouvantable brouillard qui régnait dans notre ville. »

Citons maintenant *La Gazette de Bretagne* : « Un phénomène météorologique extraordinaire s'est produit mardi dernier à Rennes. La ville, vers dix heures du matin, a été soudain couverte d'une nuée épaisse, véritable linceul dont la masse enveloppait tous les objets. — Ce n'était plus ce brouillard léger, voilant à demi la clarté du jour, et derrière lequel on devine le soleil, c'était une vapeur lourde et dense, venant boucher toutes les fissures où peut se glisser la lumière, et rap-

gneur se lèvera sur vous et l'on verra sa gloire éclater au milieu de vous. Les nations marcheront à la faveur

pelant les émanations mythologiques de l'enfer païen. L'air semblait troublé par une vase subtile, et la vue se perdait dans cet océan grisâtre. L'œil demeurait captif des ténèbres. Rien de pénible comme l'impression d'un tel état. On se sentait serré par un ennemi masqué, silencieux, insaisissable. L'obscurité se faisait complice de la mort.

» On marchait à tâtons, les bras en avant, comme au fond d'un souterrain. Ce voile gris avait l'horreur du tombeau, et il en est devenu pour quelques-uns la cruelle réalité.

» On parle de plusieurs victimes, les unes tombées dans l'eau, les autres écrasées. Parmi elles, un jeune homme de 19 ans, M. Félix Léker, a trouvé la mort dans le canal, en allant chercher sa sœur chez les Dames de la Sagesse. Un pauvre porteur d'eau a glissé avec sa cruche au fond de la Vilaine. Une malheureuse femme, la veuve Talon, a été également retirée morte de l'eau. On parle d'une autre femme écrasée dans l'avenue de la gare.

» Plusieurs personnes tombées dans le canal ont été sauvées, mais le lendemain, quand reparut, après vingt-quatre heures d'angoisses, le véritable jour, on retirait des chapeaux, des coiffures, qui n'appartenaient pas aux cadavres déjà reconnus.

» Chose remarquable ! à quelques lieues, dans les environs, le soleil étincelait, le ciel était bleu, tandis que la ville de Rennes se débattait dans l'ombre affreuse d'une obscurité plus terrible que la nuit. »

Enfin, le journal *de Maine-et-Loire* parle en ces termes des ténèbres d'Angers : « Londres est célèbre par ses brouillards ; mais, hier, Angers pouvait, sous ce rapport, rivaliser avec la capitale de l'Angleterre : un brouillard, comme jamais encore on n'en avait vu dans nos contrées, enveloppait la ville : à cinq pas, impossible de rien distinguer.

» Après avoir couvert la ville toute la journée, ce brouillard n'a fait que croître dans la soirée. — Chose rare, on avait allumé tous les becs de gaz ; malgré ce luxe d'éclairage si inusité, la circulation était impossible. — Vers neuf heures du soir, le brouillard a commencé à perdre de son intensité, et ce matin il disparaît peu à peu. »

Les journaux de Paris ont reproduit ces articles des feuilles de Rennes et d'Angers. Des témoins oculaires nous ont aussi adressé quelques détails et des réflexions qui ne sont point à dédaigner, vu les circonstances où se trouve notre patrie. « Un événement, nous écrivent-ils, est venu jeter notre ville dans l'épouvante, et bien des personnes croient que c'est un signe sinistre, un avertissement que Dieu donne à la France entière.—Vers dix heures et par une superbe matinée, la banlieue de Rennes, puis la ville, ont été envahies subitement par des ténèbres extraordinaires. Vers midi et demi, on ne voyait absolument rien, même à un mètre de distance ; aussi était-il très-dangereux de s'aventurer dans les rues, à cause des accidents qui se multipliaient partout et de la difficulté, pour ne pas dire l'impossibilité, où l'on était de se bien diriger. En vain la police a pris toutes les précautions ; elle n'a pu empêcher bien des malheurs ; les torches allumées sur les bords des eaux et les becs de gaz étaient impuissants à faire un peu de jour dans cette obscurité affreuse. Aussi plusieurs personnes se sont noyées dans la rivière et le canal. Chose surprenante, ce n'était que Rennes et sa banlieue, c'est-à-dire 6 ou 8 kilomètres autour de la ville, qui ont été ensevelis dans cette nuit sans pareille. Partout ailleurs, le temps était magnifique, et un ciel sans nuage permettait au soleil de briller dans tout son éclat. Sur les trois heures, les ténèbres parurent vouloir s'éclaircir un peu ; mais, depuis quatre heures jusqu'après dix heures du soir, elles devinrent d'une densité plus forte encore ; et à onze heures, tout avait disparu ; Rennes et sa zone extérieure retrouvaient un ciel étoilé. Dans l'intérieur des appartements, on voyait mieux que dehors, mais venait-on à ouvrir quelques portes ou croisées, aussitôt les ténèbres envahissaient la maison.

Pendant la durée de ce phénomène, les personnes de tous les rangs.

de votre lumière, et les rois, à la splendeur qui se lèvera sur vous... Votre soleil ne se couchera plus, et votre lune ne souffrira plus de diminution, parce que le Seigneur sera votre flambeau éternel et que les jours de vos larmes seront finis. Tout votre peuple sera un peuple de justes ; ils posséderont la terre pour toujours, parce qu'ils seront les rejetons que j'ai plantés, les ouvrages que ma main a faits, pour me rendre gloire. Mille sortiront du moindre d'entre eux, et du plus petit tout un grand peuple. Je suis le Seigneur, et c'est moi qui ferai tout d'un coup ces merveilles quand le temps en sera venu (Isa. LX). »

Tertulien a dit qu'un chrétien est un autre Jésus-Christ : *Christianus alter Christus ;* à plus forte raison un roi selon le cœur de Dieu est-il un autre Christ. Après avoir célébré les gloires du peuple saint et des pas-

de toutes les opinions, furent dans l'étonnement, ou mieux dans l'effroi. Les moins chrétiennes en parlaient dans le même sens que les bons catholiques. Les vieillards déclaraient n'avoir jamais rien vu, rien entendu dire de pareil. Les prêtres, en général, ont vu dans ce sinistre phénomène une manifestation de la colère divine, un signe donné à la France : et tous les gens sensés partagent cette conviction, d'abord à cause du jour de l'événement :

C'est en effet le 6 janvier, fête de l'Epiphanie, qu'il a eu lieu. En ce jour, une lumière miraculeuse manifesta le Messie aux gentils, et les Mages qui les représentaient, l'adorèrent dans sa crèche. Ce même jour, c'est une obscurité sans égale qui avertit notre province et dit à notre France de retourner au Messie nouveau-né, et de l'adorer, parce qu'il est le soleil brillant qui doit leur rendre la vraie lumière. Les apparitions de Marie nous donnent ce même avertissement. Prions donc pour que ces brouillards, sans précédents, ne nous annoncent pas l'instant fatal de la grande crise, l'heure qui précédera le *pouvoir des ténèbres*, comme Jérusalem l'apprit au jour de la Passion. *Hæc est hora vestra et potestas tenebrarum* (Luc. 22, 53).

Ensuite, ce que présente de singulier et d'inouï ce phénomène, est encore plus probant. Les brouillards ordinaires commencent lorsque le soleil va disparaître de l'horizon ou pendant la nuit, et ils disparaissent sur les huit ou neuf heures du matin. Les brouillards de Rennes sont venus à l'improviste, à dix heures du matin, au plus beau moment d'une belle journée, et ont bravé constamment les rayons d'un soleil éclatant. Ces brouillards n'affectent que Rennes et sa banlieue, tandis que nos brouillards vulgaires s'étendent au loin et souvent sur des provinces entières. Ces ténèbres disparaissent aussi vite qu'elles sont venues, et au milieu de la nuit, juste au moment où commencent les vapeurs qui forment les brouillards et qui n'arrivent et ne s'en vont qu'avec lenteur et par gradation. Enfin, les simples brouillards permettent toujours une vue sûre et assez étendue pendant que le soleil est sur l'horizon, tandis que la densité des ténèbres de Rennes est telle à midi, lorsque le soleil est dans toute sa force, qu'on n'y voit pas plus que lorsqu'il disparaît. »

Ces considérations ne sont pas sans intérêt ni importance, après ce que nous avons dit des ténèbres de Constantinople. Aux âmes pieuses et surtout aux esprits forts de mettre à profit ces enseignements et ces avertissements que multiplie la divine Providence.

teurs remplis de foi et de charité, Isaïe ne fait-il pas le portrait du grand Monarque que Dieu réserve à la France régénérée ? « Voici mon serviteur dont je prendrai la défense ; voici mon élu dans lequel mon âme a mis toute son affection : Je répandrai mon esprit sur lui, et il rendra la justice aux nations. Il ne criera point, il n'aura point d'égard aux personnes, et l'on n'entendra point sa voix dans les rues. Il ne brisera pas le roseau cassé, et il n'éteindra pas la mèche qui fume encore ; il jugera dans la vérité. Il ne sera point triste, ni précipité, jusqu'à ce qu'il exerce son jugement sur la terre ; et les nations attendront sa loi. Voici ce que dit Dieu : Je suis le Seigneur qui vous ai appelé dans la justice, qui vous ai pris par la main, et vous ai conservé ; qui vous ai établi pour être le réconciliateur du peuple et la lumière des nations, pour ouvrir les yeux des aveugles, pour tirer des fers ceux qui étaient enchaînés, et pour faire sortir de prison ceux qui étaient assis dans les ténèbres (Is. X, LII).»

Après cette époque de régénération et de félicité, le secret de la Salette nous répète que viendra *le temps des temps et la fin de la fin*, car il faut que nous en soyons instruits : Les dernières épreuves ne sont pas celles qui vont arriver et qui se termineront par la conversion de la France, le retour de son roi, la délivrance du Souverain-Pontife, la rénovation sociale et le règne de Dieu pendant peut-être vingt ans. Mais, après cette courte période, le mal qui n'était pas déraciné, reprendra vigueur et recommencera son infernale lutte. Aujourd'hui nous en sommes *au commencement de la fin*, mais, après la période de paix et de justice, arrivera *la fin de la fin*, par la venue de l'Antechrist. Jamais l'enfer n'aura obtenu un si grand triomphe, mais ce sera le dernier et il sera court. La lutte sera terrible ; cependant les Juifs ouvriront les yeux ; Elie et Hénoch reparaîtront, et l'Antechrist périra misérablement. « Et aussitôt ces jours d'affliction passés, le soleil s'obscurcira et la lune ne donnera plus sa lumière ; les étoiles tomberont du ciel, et les vertus des cieux seront ébranlées. Alors le signe du Fils de l'homme paraîtra dans les airs ; et à cette vue tous les peuples de la terre s'abandonneront aux pleurs et aux gémissements, et ils verront le Fils de l'homme qui viendra sur les nuées, avec une grande puissance et une grande majesté. Et il enverra ses anges qui feront entendre la voix éclatante de leurs trompettes et qui rassembleront les élus des quatre coins du monde, depuis une extrémité du ciel jusqu'à l'autre (Matth. XXIV, 29). »

Les malheurs qu'éprouveront les habitants de la terre rendront universels les gémissements, d'autant plus affreux que l'apostasie aura été générale. *Les hommes* (pervers) *appelleront la mort, et la mort fera leur supplice.* « Ils commenceront à crier aux montagnes : tombez sur nous ; et aux collines : couvrez-nous (Luc. XXIII, 30). » « En ces jours, les hommes chercheront la mort, et ils ne pourront la trouver, ils souhaiteront de mourir et la mort fuira d'eux (Apoc. IX, 6). » Ce texte, comme celui du document, peut s'appliquer à une mort spirituelle qui achèverait leur perte, car l'anéantissement du corps et de l'âme n'est pas en leur pouvoir.

Le caractère des tribulations de la fin des temps devra, à l'encontre des tribulations qui se sont produites à toutes les époques de l'Eglise, comme guerres, pestes, famines, tremblements de terre, prodiges dans les cieux et sur la terre, avoir un cachet tout spécial pour qu'on puisse les distinguer de toutes les précédentes, puisque autrement rien ne les distinguerait. Mélanie, dans le texte de son secret, nous indique que ces maux auront une violence sans égale, parce que *la peste, la famine, la guerre, seront générales*, et cela sans doute pour punir des prévarications qui seront également *générales*. Ainsi les fléaux s'étendront partout, et ils auront une intensité telle, qu'à aucune autre époque ils n'auront été aussi terribles. Notre-Seigneur nous dit en effet que « les tribulations de ce temps-là seront si grandes, que depuis le premier moment où Dieu créa toutes choses jusqu'à présent, il n'y en a point eu de semblables et il n'y en aura jamais (Marc, XIII, 19). » Toutes ces calamités, selon saint Clément et saint Grégoire, papes, sont envoyées pour annoncer le jugement dernier et figurer l'effroyable châtiment et le malheur éternel réservé aux méchants. — Heureux donc ceux qui profiteront de ces avertissements pour se convertir.

Il y aura des pluies, des tonnerres qui ébranleront des villes, des tremblements de terre qui engloutiront des pays... Les Evangiles et l'Apocalypse parlent des catastrophes qui arriveront aux derniers jours ; Isaïe (XXIV, 17) nous les avait déjà indiquées : « Les cieux s'ouvriront pour faire pleuvoir comme au temps du déluge, et les fondements de la terre en seront ébranlés. La terre sera brisée par des déchirements, des secousses l'ébranleront, et des renversements la bouleverseront. Elle sera agitée et chancellera comme un homme ivre... Son iniquité la surchargera ; elle croulera, et rien ne la relèvera. »

CONCLUSION.

Nous venons d'achever la justification de cette partie du secret de la Salette, connue bien avant nos désastres, en prouvant une fois de plus et mieux encore, que la source en est divine. Maintenant qu'il est établi que Marie, sous la loi de grâce, n'a pas parlé autrement que les prophètes sous la loi écrite, dans des circonstances analogues, s'obstinera-t-on encore à dire que cette pièce provient du démon ou de l'imagination déréglée de Mélanie? Mais cette identité que nous constatons entre ce document et l'Ecriture, ne corrobore-t-elle pas singulièrement l'autorité que lui donnaient déjà sa conformité avec les enseignements des saints Docteurs, sa concordance avec les autres prophéties et la réalisation qui se complète chaque jour, des événements qu'il avait annoncés?

Si, malgré ces preuves, l'orgueil et l'aveuglement des contradicteurs maintenaient leurs incriminations, nous demanderions à ces catholiques *libéraux* s'ils croient encore au surnaturel et à l'intervention divine dans les affaires de ce monde; nous leur dirions aussi de condamner toutes les révélations des saints qui, dans chaque siècle, ont parlé, comme Mélanie, contre les persécuteurs et les traîtres qui excitent la colère divine. Mais alors, que devient l'histoire de l'Eglise, si l'on en retranche la partie mystique? Vraiment, le positivisme nous fait ramper dans la poussière. Oui, le positivisme, ce souffle empoisonné d'Outre-Rhin, nous a enlevé toute foi et toute vertu; aussi repoussons tout ce qui pourrait nous sauver, nous régénérer et nous réconcilier avec Dieu.

Cependant Marie n'en persiste pas moins à vouloir sauver son peuple, et jamais elle n'a montré autant de sollicitude pour son royaume de France. Ses apparitions se multiplient partout, et partout elle nous dit, comme à la Salette: PÉNITENCE! Partout elle nous menace des plus grands malheurs, si nous ne nous convertissons.

L'événement du 19 septembre 1846 est un fait miraculeux qui a pour lui toutes les preuves. Il s'appuie sur le jugement canonique de l'Ordinaire; sur l'approbation, au moins tacite, du mandement doctrinal, accordée par le Saint-Siége; sur les faveurs que le Souverain Pontife a concédées à cette pieuse croyance et à la dévotion réparatrice qui en a été la conséquence; sur la confiance des fidèles qui, en mille endroits, a érigé des sanctuaires sous le vocable de N.-D. de la Salette; enfin, sur les miracles et les grâces qui s'obtiennent, sans contestation possible, dans ces lieux privilégiés.

Tout cela est le résultat du témoignage de deux petits *bergers* qui n'ont pu ni tromper ni être trompés.—Leur témoignage a donc été véridique dans le principe; pourquoi ne le serait-il plus, aujourd'hui, sur ce qui se lie intimement à ce miracle et à leur mission? On prétend que cette mission a cessé dès le jour de l'Apparition ou lorsque le Mandement doctrinal est intervenu. Mais ces deux faits constatent seulement la mission qu'ont reçue les deux bergers, de faire passer à tout son peuple les enseignements de Marie. Qui donc a décidé *doctrinalement* qu'elle est finie depuis longtemps, et que les deux témoins de la Sainte Vierge ont accompli tous ses ordres? Dès le commencement, Mélanie a fait ses réserves pour son secret, et elle soutient encore que sa mission n'est pas terminée. Qui peut la contredire et la condamner? Dans tous les cas, ce ne sont pas ses ennemis, qui ne cessent de la calomnier publiquement, même dans leurs *Semaines catholiques*, qui l'ont persécutée ou qui font encore durer son exil. S'ils se sont arrogé le droit de la juger, ont-ils pu le faire sans formalité aucune, sans même avoir entendu leur victime?

L'événement de la Salette est donc un fait miraculeux et inébranlable; il reste dans toute sa force; il prouve la source divine du document, autant que le document lui-même démontre l'importance de cette apparition. Il fallait donc croire, comprendre et obéir. Mais pour cela il fallait que l'intelligence des choses divines donnât la vraie intelligence des choses humaines. Malgré tout, nos insensés n'ont pas voulu être convaincus qu'il vaut mieux plaire à Dieu qu'aux hommes, que l'ordre naturel est subordonné à l'ordre surnaturel, et que la science qui ne s'illumine pas aux rayons de la sainteté, n'entend plus rien au *sursum corda*, plus rien aux intérêts spirituels. Dès lors, on a dédaigné ce miracle de la miséricorde divine; on n'en a pas fait cas. Marie est venue pleurer sur nous et sur notre ingrate patrie; elle nous a annoncé qu'elle ne pouvait plus retenir le bras irrité de son Fils; elle nous a dit comment nous éviterions tous les maux dont elle nous menaçait, et comment, sans malheurs ni catastrophes, nous arriverions à l'ère promise d'une félicité sans égale... On s'est moqué des larmes de Marie, on est resté froid à ses menaces comme à ses promesses; on n'a rien fait, ou bien on a mal fait. Pouvait-il en être autrement en présence de l'affaissement des âmes et de la corruption des cœurs que secondaient les sarcasmes d'une presse incrédule et la politique d'un pouvoir impie? Il aurait fallu de nouveaux apôtres pour faire triompher Marie, et le monde les attend encore. En vain les âmes intelligentes et dévouées à la cause de l'Eglise et de la France se désolaient; mais que pouvaient-elles faire pour porter à la pénitence les gouvernements et les peuples, lorsqu'on prêche cette doctrine : *Moins l'homme fait, plus Dieu fait*, ...ou *que nous irons tous au Ciel?*

Depuis la révolution anti-chrétienne et anti-sociale de 89, la France et l'Europe n'ont fait que rouler d'abîme en abîme. Peuvent-elles descendre plus bas? Nous ne voulons plus de Dieu ni de son Eglise; nous nous croyons désormais émancipés de leur pouvoir et nous défions la justice divine. Où en serions-nous si l'amour de Marie ne dépassait notre impiété et si Dieu abandonnait la société qui le rejette? Jamais les appréhensions ne furent plus grandes: le présent s'épouvante de l'avenir. Pour avoir méprisé Dieu, nous sommes réduits à obéir aux caprices d'un Bismark. Le silence du vaincu, qui serait encore une protestation, ne nous est pas permis ; on nous impose des relations amicales et la reconnaissance de sacriléges injustices...! Est-ce notre honte suprême? Non! Nos *grands* hommes osent attribuer tous nos malheurs à ce qui nous restait de religion, et une presse impie s'efforce d'en convaincre les masses pour leur faire oublier que les principes religieux peuvent seuls régénérer un peuple, et croire que vivre dans le plaisir et l'abondance doit être désormais leur unique occupation. Les païens ne demandaient rien de plus : *panem et circenses.*

La France, ruinée et démembrée par les Prussiens, ne sait où trouver des ressources. Nous refusons trente mille francs à nos églises pauvres, qui ne peuvent suffire aux dépenses du culte, et nous votons 600,000 fr. pour que les élégants de Paris ne soient pas privés des voluptés de l'Opéra, alors que la capitale regorge de théâtres et de lieux de plaisirs ! Est-ce donc le vice qui nous fera renaître à la vertu et nous consolera de nos désastres? Le ministre des cultes, M. de Fourtou, a eu le courage de prononcer ces paroles devant l'Assemblée nationale : « J'espère que l'année 1874 ne se passera pas » sans que les splendeurs de l'Opéra nouveau viennent » nous consoler des difficultés et des tristesses de l'heure » présente. » Quelle solennité de paroles à propos de l'Opéra en un temps tel que le nôtre ! Les journaux frivoles en ont ri... Attendons-nous à des catastrophes inouïes, car 517 députés sur 554 ont applaudi à cette excentricité ! La France en est là. Cette débauche *raffinée* lui aura bientôt coûté CENT MILLIONS.

Il est évident, à l'heure qu'il est, que, depuis 1789, la France révolutionnaire est au pouvoir, qu'elle a détruit la France catholique, et que ses gouvernements, qui ont mis Dieu de côté, tué et banni nos rois légitimes, trahi le Pape et fait amitié avec ses bourreaux, ne pourront jamais restaurer notre patrie, malgré tous leurs efforts et *leur amour de l'Opéra.* Nous n'avons plus à espérer en aucune puissance humaine, mais seulement en Dieu. La croisade catholique, croisade de prières et de bonnes œuvres, croisade de la Vérité contre l'Erreur, doit partout s'organiser contre la révolution satanique qui dévore l'Europe. Les soldats de J.-C. sont bien peu nombreux, mais ils vaincront parce qu'ils sont avec Dieu qui est tout-puissant et éternel, et avec l'Eglise, contre laquelle les puissances de l'enfer ne peuvent prévaloir.

Ce qui se passe, nous dit le pieux auteur de l'*Ame réparatrice*, donne une idée de ce qui aura lieu lors de la grande et suprême lutte contre l'Antechrist. Notre époque voit déjà la persécution qui s'organise partout, comptant bien avoir raison des derniers partisans de l'ordre ; elle voit l'envahissement des Etats de l'Eglise, le Pape à la merci de la Révolution, les instituts religieux supprimés, les Evêques poursuivis et exilés, l'enseignement laïque et athée qui remplace l'enseignement chrétien... Nous subissons tout cela et beaucoup d'autres choses encore. Le règne de la libre pensée et les progrès de 89 ont déjà produit l'affaiblissement de la foi, le catholicisme libéral, les apostasies. la décadence des mœurs, la déification de la chair, l'altération des principes, la falsification de l'histoire, la progression des crimes, l'énormité des scandales, le spiritisme avec ses oracles, ses prestiges, et sa prétention, hautement avouée, de substituer le culte du démon au culte du vrai Dieu ; la coalition des gouvernements contre J.-C. et son Vicaire, les nations atteintes de la rage des combats et s'organisant en armées innombrables et en camps armés, enfin, des engins de guerre faisant en quelques heures d'immenses hécatombes humaines. Oui ! tout ce que nous avons vu hier et que nous reverrons demain, bien autrement amplifié, nous prouve d'avance jusqu'où pourra aller la fureur de Satan et de l'Antechrist.

Ce triste tableau de notre époque, qu'on pourrait assombrir encore, montre combien il est nécessaire de s'entendre pour sauver au moins une espérance. Les gouvernements et les peuples, les familles et les individus, l'enfance, l'âge mûr comme la vieillesse, tous veulent vivre *sans Dieu* et protestent contre lui, même après la mort. Il n'y a plus de *République chrétienne*, plus de pouvoir protecteur de la Religion. Jamais l'athéisme légal ne fut plus cynique et l'apostasie plus complète. A J.-C. et à son Eglise, il ne reste plus que des individus. N'importe, Dieu vaincra à l'heure voulue et dissipera cette ligue infernale. Avec ses quelques fidèles, il rétablira l'ordre, reconstituera son empire, et fera régner son Eglise sur l'univers entier. Ce sera le temps de félicité qui doit précéder le temps de la grande tribulation. Le moment est donc venu où les hommes de foi, d'espérance et de charité doivent s'armer de l'étendard de la Croix et du Sacré-Cœur, et protester ouvertement de leurs principes catholiques, dans l'ordre spirituel comme dans l'ordre temporel. Cette hardiesse religieuse tuera le respect humain ; elle sera la première preuve de repentir et le premier fruit de zèle pour la régénération de la société. Aux hommes de cœur de se signaler par cet acte d'amour et de soumission à Dieu. A eux de proclamer que, enfants de l'Eglise catholique-romaine, leur foi est celle du Vicaire infaillible de J.-C.; que, par rapport aux croyances libres, ils soutiennent celles que préfère le Saint-Siége, comme étant plus probables et plus salutaires, quoique les autres n'aient jamais été frappées de la moindre censure ; mais qu'ils repoussent tout enseignement et toute doctrine qui déplairaient au Souverain Pontife,... tant est importante la pureté de la croyance, même dans les opinions, et tant le sentiment du Pasteur des pasteurs doit être respecté de tout chrétien, évêque, prêtre ou laïque. Que de scandales auraient été évités, et que d'âmes sauvées si cette règle avait toujours été suivie ! !

A eux de propager l'enseignement chrétien à l'encontre de l'enseignement payen qui, depuis la *Renaissance,* a tout gâté, tout révolutionné, et a réduit la société et l'Eglise à ce misérable état où nous les voyons ; de faire comprendre que la jeunesse doit être préservée de cette contagion ; que la forme ne doit pas l'emporter sur le fond ; que, d'ailleurs, les beautés du Christianisme dépassent de beaucoup les chefs-d'œuvre païens, et que l'étude des classiques ne doit être entreprise que lorsqu'elle ne peut plus nuire. Pie IX réclame surtout que l'éducation soit chrétienne, car on ignore maintenant que la famille ne trouve ses meilleurs membres et la patrie ses plus dévoués citoyens, que parmi les vrais catholiques. Sa Sainteté disait, le 28 septembre 1873, à une députation venue de Civita-Vecchia : « Je vous recommande d'avoir soin de l'enfance et de » la jeunesse ; je le recommande surtout aux mères,

» parce que les dominateurs actuels ont pour dessein » principal d'arracher du cœur de l'enfance et de la » jeunesse tout germe de religion. »

A eux de proclamer que les peuples, tous créés par Dieu, doivent former comme une confédération ou une grande famille, pour échapper aux révolutions et à la barbarie, et que le Souverain-Pontife doit la présider, parce que Dieu est le fondateur de la société civile comme de la société religieuse; que sa loi doit être la règle de l'une comme de l'autre, d'autant plus que l'ordre spirituel et supérieur, dont le Pape est le souverain, doit toujours diriger l'ordre temporel et inférieur.

A eux de vouloir que le Pape soit réellement indépendant et au-dessus de toute compression, en lui restituant ses Etats et en le faisant respecter et obéir par tous. A eux de réprouver, en attendant mieux, les attentats commis contre le Saint-Siége et de se dévouer constamment en faveur de l'Eglise, car son triomphe, c'est le triomphe de l'ordre et du droit; c'est le bonheur des nations et le respect de l'individu ; tandis que l'asservissement de l'Eglise, c'est l'esclavage de tous, c'est le règne de la terreur, c'est la perte de tout bien.

A eux, après avoir dit ce qu'ils veulent pour le Pape, de dire aussi ce qu'ils veulent pour la France et son roi : à l'une, sa monarchie traditionnelle et chrétienne, et, comme fille aînée de l'Eglise, sa mission de civilisation catholique sur l'univers entier ; à l'autre, son autorité souveraine tout entière, selon nos lois fondamentales et les tempéraments de la Religion, afin qu'il puisse gouverner pour le bien et réprimer le mal, selon son devoir et les destinées de la patrie commune.

On ne doit plus ignorer que, dès son premier roi chrétien, la France fut un royaume grand, puissant et glorieux ; que ce royaume doit au clergé et aux autres ordres religieux, sa gloire, sa prospérité et toutes ses splendeurs, momentanément obscurcies; c'est sa politique royale et catholique qui a fait de la France la reine et la protectrice des peuples et l'Epée de l'Eglise tout à la fois; tandis que la révolution impie de 89 n'a fait que la dégrader, la ruiner, l'amoindrir, la réduire à n'oser plus protester contre les plus grands attentats, les plus sacriléges injustices.

Notre honneur est virtuellement engagé à résister, sous l'œil de Dieu, à toutes ces saturnales de nihilisme, de violences, d'apostasie et d'athéisme, et à joindre pour cela en toute chose l'action à la parole, les œuvres à la prière, la fermeté à la justice. Oui, c'est aux catholiques de refaire la France catholique, pour la restaurer et lui donner la facilité de réparer tout le mal que la France révolutionnaire a fait depuis un siècle, de relever toutes les ruines qu'elle a amoncelées, toutes les fautes qu'elle a commises envers Dieu, envers l'Eglise, envers elle-même et envers les autres nations.

A eux, aux catholiques, d'achever, enfin, ce que nos pères avaient si bien commencé sous Clovis, Charlemagne et saint Louis: le règne de J.-C. par son Evangile, au moyen de son Vicaire infaillible et des conciles approuvés par le Pape, et d'exiger la suppression des lois athées ou seulement désorganisatrices de la société, de la famille et de la propriété, ainsi que des pouvoirs qui favorisent toutes les erreurs à l'encontre de la vérité, et l'esprit libéral à l'encontre de l'esprit catholique; de stipuler que l'Eglise jouira librement de ses biens et que le traitement fait au clergé de France est une indemnité que lui doit l'Etat. A eux enfin, de décréter que la loi divine est la source et le fondement de toutes les lois; qu'elle est la règle de la justice et qu'elle domine toutes les administrations, tous les gouvernements.

Les catholiques de toutes les nations du monde savent si bien, d'instinct et d'inspiration, que la régénération universelle par le catholicisme est le rôle dévolu à cette France, à la seule France, que quand, dans les premiers jours de novembre 1873, à la seule pensée que la France, après tant d'aventures, terminées en apparence par la plus épouvantable expiation, allait enfin rentrer dans sa voie, relever son sceptre, ressaisir son drapeau sans tache et sa vaillante épée, tous les cœurs et toutes les âmes se sont tournés simultanément vers un même point, avec des frémissements d'attente joyeuse et de radieuse espérance. — Marie implorait notre pardon et des millions de fidèles et de pèlerins, les fronts inclinés vers la terre, priaient en silence, ou bien, les yeux tournés vers le ciel, poussaient vers Jésus ce cri si émouvant, lorsque tout espoir humain a disparu :

Sauvez Rome et la France, — Par votre sacré cœur!!!

Mais les catholiques et les royalistes libéraux, qui n'ont pas plus de foi religieuse que de foi politique, rendirent inefficaces ces prières. Aussi Dieu exige maintenant une expiation complète et générale, ou par une conversion volontaire ou par des châtiments qui nous y contraindront. Sommes-nous encore à temps de choisir, ou plutôt ne disons-nous pas au Seigneur, en continuant de repousser notre Roi, d'abandonner le Pape et de mépriser la loi divine, que nous préférons la lutte à la paix, la vengeance à la miséricorde?

TABLE ANALYTIQUE.

FIN.

Explications et Corrections.

I. Nous nous sommes servi de cette expression de *Divine Mère*, dans le sens qu'on la trouve dans des livres de dévotion et qu'on l'entend même en chaire. On dit bien *maternité divine*, parce que Marie est *mère de Dieu fait homme*; on dit exactement aussi : *l'Eglise divine*, parce que J.-C., Dieu et homme tout ensemble, en est le chef, la tête, et qu'elle est son corps; elle est ainsi la société de Dieu et des hommes; elle est donc divine et humaine. Mais dire : *notre divine Mère*, en parlant de Marie, c'est parler *dévotement*, quoique non théologiquement. Il faut donc donner un bon sens à nos expressions, comme lorsqu'on dit que *Marie est toute-puissante*.

II. Pages 66 et 80 : *C'est un signe de Dieu*, lisez : *Serait-ce un avertissement?* Tous les phénomènes du monde physique sont régis par la Providence, selon sa justice et sa miséricorde; mais ils ne sont pas pour cela *miraculeux*. Il faudrait que des circonstances surnaturelles vinssent s'ajouter au fait physique que nous avons cité, comme cela eut lieu pour les ténèbres de l'Egypte. De ce fait extraordinaire ou prodigieux de Rennes, mais non miraculeux, nous insinuons simplement qu'il n'est pas déraisonnable d'appréhender les ténèbres annoncées.

III. Page 4, lign. 12 : *puis être portés*, lisez : *puis n'être portés*.

IV. Page 78, lign. 30 : *à cette France*, lisez : *à notre France*.

L'ŒUVRE CATHOLIQUE D'ORIENT ET D'OCCIDENT

(FONDÉE PAR M. GIRARD)

A pour but d'aider partout au triomphe de l'Eglise et de seconder toute pieuse entreprise qui contribue au salut des âmes. Le triomphe du Sacré-Cœur ou le règne de Dieu sur terre amènera avec lui tout bien spirituel et tout bien temporel. Rien donc de plus important que de s'unir pour propager la foi et la civilisation en faisant rendre au Saint-Siége tous ses droits. Cette Œuvre existe depuis huit ans; il en est parlé dans nos précédents Opuscules sur N.-D. de la Salette; et nous enverrons un prospectus détaillé aux personnes qui le demanderont. Le journal LA TERRE SAINTE ET LES ÉGLISES ORIENTALES est l'organe de cette association. Cette feuille paraît par livraison une ou deux fois par mois; son prix est de 5 fr. par an. Dans chaque numéro on trouve des lettres de Patriarches, d'Evêques, de Missionnaires de tous les rites dont on seconde les travaux dans l'empire ottoman. Aucun journal ne donne autant de nouvelles et d'articles sur la patrie de J. M. J. et sur le mouvement religieux en Orient. Enfin, Pie IX a daigné bénir plusieurs fois cette pieuse association.

L'état actuel de la France, de l'Europe et de l'Univers entier prouve que le monde périt et périt misérablement, parce qu'il a renié Dieu, trahi l'Eglise, expulsé ses rois légitimes, corrompu les vrais principes et méconnu l'ordre, le droit et le devoir, pour se livrer à l'anarchie impie et révolutionnaire. Que toute âme qui veut vivre, qui veut aimer Dieu et le prochain, unisse donc ses efforts aux nôtres, et s'enrôle dans la croisade que commande la Vierge réconciliatrice et qui aboutira à notre régénération et au triomphe de la Religion.

Nos associés qui voudront faire la propagande de nos Opuscules, les auront à un prix très-réduit; ils n'ont qu'à s'entendre avec nous. — Nous hâterons l'impression de notre VIe livre intitulé : *Notre-Dame de la Salette et le Clergé, ou Moyen de tarir les larmes de notre divine Mère.* Ensuite paraîtra le 7e Opuscule : *L'Antechrist et les Apôtres des derniers temps.*

Nous prions nos amis de seconder nos œuvres en faveur des rites orientaux, en propageant nos opuscules, notre journal et les livres qu'on nous donne à vendre et dont le bénéfice est consacré au triomphe de l'Eglise en Orient.

C.-R. GIRARD.

www.ingramcontent.com/pod-product-compliance
Lightning Source LLC
LaVergne TN
LVHW020410230826
846091LV00004B/1228

* 9 7 8 2 0 1 2 7 8 0 7 1 2 *